GUY DEBORD
La Société du Spectacle

스펙타클의 사회

기 드보르 지음
유재홍 옮김

울력

스펙타클의 사회

지은이 | 기 드보르
옮긴이 | 유재홍
펴낸이 | 강동호
펴낸곳 | 도서출판 울력
1판 1쇄 | 2014년 7월 15일
1판 5쇄 | 2023년 7월 30일
등록번호 | 제25100-2002-000004호(2002. 12. 03)
주소 | 서울시 구로구 개봉로23가길 111, 8-402 (개봉동)
전화 | 02-2614-4054
팩스 | 0502-500-4055
E-mail | ulyuck@naver.com
가격 | 13,000원

ISBN | 979-11-85136-09-7 03300

· 잘못된 책은 바꾸어 드립니다.
· 옮긴이와 협의하여 인지는 생략합니다.

서문

『스펙타클의 사회』는 1967년 11월 파리의 뷔셰 샤스텔 (Buchet-Chastel) 출판사에서 처음으로 출간되었다. 1968년 5월 혁명은 많은 사람들에게 이 책의 존재를 알렸다. 1971년 샹 리 브르(Champ Libre) 출판사 — 이 출판사는 발행인의 암살 이후 제라르 르보비시(Gérard Lebovici) 출판사로 그 명칭이 변경된다 — 에서 이 책이 재출간됐을 때, 나는 일체의 첨삭을 가하지 않았다. 이 책은 1991년까지 거듭해서 출간되었다. 이번 판본 역시 1967년의 판본과 동일하다. 갈리마르(Gallimard) 출판사에서 재출간될 나의 전집(全集)도 당연히 같은 원칙이 적용될 것이다. 나는 쉽게 신념을 바꾸는 사람이 아니다.

스펙타클의 비판 이론은 장기간에 걸친 역사의 보편적인 조건들을 처음으로 규명한 이론일 것이다. 이러한 역사의 보편적인 조건들이 소멸되지 않는 한 이 비판 이론이 수정되는 일은 없을 것이다. 현재의 발전 국면은 더욱더 이 비판 이론의 타당성을 입증하며 예시하고 있다. 독자들이 이 책에서 다시 접하게 될 스펙타클의 이론은 고차원적인 역사적 혜안을 필요로 하지 않는다. 이 분석은 1968년 5월 혁명과 때를 같이하여 벌어졌던 논쟁들 가운데 가장 과격했던 입장, 따라서 당시에 이미 인지할 수 있었던 것을 증언하고 있을 뿐이다. 그 혁명을 믿었던 순박하기 짝이 없는 사람들도 이제는 그 후 그들 삶 속에 찾아온 실망으로 인해 "가시화된 삶의 부정"(테제 10)과 상품 형태와 관계하는 "질의 저하"(테제 38) 그리고 "세계의 프롤레타리아화"(테제 26)가 무엇을 의미하는지 알 수 있을 것이다.

나는 이 시기에 이러한 발전 과정에서 훗날 드러나게 될 몇 가지의 아주 특징적인 새로운 요소들도 관찰했다. 나는 1979년 새롭게 출간된 이탈리아어 번역본의 서문에서 스펙타클 원리를 활용하기 시작하는 정부의 통치 기술과 산업 생산의 본질 속에서 현실화된 변화를 지적했다. 나는 1988년 『"스펙타클의 사회"에 대한 논평』에서 "집약된 스펙타클"과 "분산된 스펙타클"(테제 63)이라는 경쟁적 지배 사이의 "스펙타클적 과업의 국제적 분업"(테제 57)이 종말을 고했으며, 이제는 양자가 서로 융합되어 "통합된 스펙타클"이라는 공동 형태를 취하고 있음을 분명하게 밝혔다.

이러한 융합은 테제 105의 정정을 통해 개괄적으로 요약할 수 있다. 이 테제는 1967년 이전에 발생했던 상황을 다루고 있는데, 그때에는 상반된 [정치적] 실천에 의거해 사회형태들을 구분하고 있었다. 계급 권력의 거대한 분열이 화해에 의해 완성됐기 때문에, 이제는 통합된 스펙타클의 통일된 적용이 "세계를 경제적으로 변형시키고," 동시에 치안적인 차원에서 "[인간의] 지각을 변형시키고 있다"고 천명해야 한다. (이러한 환경 속에서 치안 통치는 그 자체가 아주 새로운 것이다.)

이러한 융합이 전 세계의 경제적-정치적 현실 속에서 현실화됐기 때문에 비로소 사람들은 세계가 하나로 통일됐다고 공식적으로 선언할 수 있었다. 그러나 그것은 분리된 권력이 보편적으로 직면한 상황이 너무 심각하기에 세계가 최대한 빨리 통일될 필요가 있었기 때문이다. 세계는 마치 단일한 진영처럼 세계 시장이라는 동일한 합의 조직 — 스펙타클에 의해 왜곡되고 보장되는 — 에 참여한다. 그렇지만 분리된 권력은 궁극적으로 통일될 수 없을 것이다.

전체주의적 관료주의 — "상품경제를 주도하는 대체(代替) 지배계급"(테제 104) — 는 자신의 장래에 대해 희망을 가져본 적이 없었다. 이 체제는 자신이 "지배계급의 후진적 형태"(테제 104)임을 알고 있었고, 자기가 더 나은 체제이기를 희망했었다. 테제 58은 이미 다음과 같은 명제를 천명하고 있다: "스펙타클은 과잉된 경제의 토양에 뿌리를 내린다. 바로 여기에서, 종국적으로 스펙타클적 시장을 지배하게 되는 성과가 발생한다."

스펙타클의 현대화와 통일을 위한 바로 그러한 욕망 — 사회의 단순화에 관한 또 다른 측면들과 관련된 — 이 1989년 구소련의 관료주의로 하여금 돌연 마치 단 한 사람처럼 민주주의라는 현재의 이데올로기, 다시 말해 인권의 도입으로 완화된 **시장의 독재적인 자유**에로 전향하게 만들었다. 서구의 어떤 사람도 미디어가 떠들어대는 그처럼 놀라운 사건의 의미와 결과에 대해 단 하루도 생각해 볼 겨를이 없었다. 스펙타클 기술의 발달은 일종의 지질학적 진동의 흔적만을 기록에 남기는 능력으로 입증된다. 사람들은 사건이 일어난 날짜에만 관심을 보이면서, 다른 모든 **민주주의적 기호들**과 마찬가지로, 이론의 여지가 없는 지극히 단순한 기호 — '베를린 장벽의 붕괴' — 를 반복하는 것으로 그치면서 그것을 잘 이해한다고 생각한다.

현대화의 최초의 결과가 1991년 구소련의 철저한 와해와 함께 나타났다. 경제의 보편적인 진화의 파국적 결과가 서구보다 훨씬 더 직접적으로 이 국가에서 모습을 드러냈다. 무질서는 그 결과에 불과하다. 도처에서 가공할 만한 질문, 이를테면 2세기 전부터 세계를 사로잡고 있는 동일한 질문이 제기될 것이다: 어떻게 환상이 사라지고 활력이 상실된 곳에서 가난한 자들을 일하게 만들 것인가?

테제 111은 우리가 조금 전에 그 최후의 폭발을 보았던 구소련 추락의 첫 징후들을 식별하고 있으며, 세계 사회에 임박한 소멸을 예측하고 있다. 요즘 식으로 표현하면, 이 사회는 **컴퓨터의 기억장치에서 지워질 것**이다. 어쨌든 이 테제는 누구나 올바르다고 인정할 전략적 판단을 언표하고 있다: "관료주의적인 기만의 동맹의 와해는 궁극적으로 현재 진행 중인 자본주의 사회의 발전에 가장 불리한 요소가 될 것이다."

　나는 전혀 과장하지 않고 오직 스펙타클 사회에 해를 끼치려는 목표로 이 책을 의도적으로 저술했다. 그 점을 염두에 두면서 독자들이 이 책을 읽기 바란다.

1992년 6월 30일
기 드보르

차례

일러두기

1. 이 책은 Guy Debord의 *La Société du Spectacle* (Gallimard, collection folio, 1992)를 텍스트로 하여 완역한 것이다.

2. 이 책은 원서의 체제를 따랐다. 단 본문 중의 주석은 모두 옮긴이의 것이다.

3. 본문에서 책과 잡지 등은 『　』로 표시하였고, 논문이나 기사, 그리고 짧은 글들은 「　」로 표시하였다.

4. 원서에서 이탤릭체로 강조된 부분은 이 책에서 중고딕체로 표시하였다.

5. 본문 중에서 [　] 안의 것은 독자의 이해를 돕기 위해 옮긴이가 첨가한 것이다.

I. 완성된 분리

현대는 확실히 (…) 사실보다 이미지를, 원본보다 복사본을, 현실보다 표상을, 본질보다 가상을 선호한다. (…) 현대에서 신성한 것은 오직 환상뿐이며 진리는 속된 것이다. 현대인의 눈에는 진리가 감소하고 환상이 증대하는 정도에 따라 신성함이 확장된다. 결국 현대에서 환상의 극치는 신성함의 극치가 된다.

— 포이어바흐, 『기독교의 본질』 제2판 「서문」

1

현대적 생산 조건들이 지배하는 사회에서 모든 삶은 **스펙타클**[1]의 거대한 축적물로 나타난다.[2] 매개 없이 직접 경험했던[3] 모든 것이 표상 속으로 멀어진다.

---

1. 이 책에서 중고딕체로 표시된 것은 원서에서 이탤릭체로 강조된 것이다. 하나 더 부연하면 드보르는 각주 없이 책을 저술한다. 예술가와 혁명가로서 그의 궤적을 상정하면 그가 시장 체제를 떠받드는 기존의 학문 관행에 무관심한 것은 당연하게 보인다. 따라서 이 책의 주석은 예외 없이 옮긴이의 주석이다.
2. 이 구절은 마르크스의 『자본』, 「상품」 장의 제1절 첫 문장을 전용(轉用)한 문장이다: "자본주의적 생산양식이 지배적인 사회의 부는 상품의 거대한 집적으로 나타난다. 하나하나의 상품은 이러한 부의 기본 형태로서 나타난다." 드보르가 이 책에서 실천하고 있는 '전용(détournement)'이라는 글쓰기 기법은 다다이즘의 콜라주와 유사한 것으로서, 이는 이 책의 테제 206-209에서 밝히고 있듯이, 기존의 문장과 어구에 대한 창조적 전유와 재조직화 또는 허위 관념의 삭제와 그것의 적확한 관념으로의 대체를 지향하는 글쓰기 기법이다.
3. 스펙타클의 대척점에 있는 직접 경험하는 것(vivre) ― 몸소 체험한 것(vécu) ― 은 소외 또는 분리 이전의 삶과의 직접적인 만남을 의미한다. 경험의 세계는 소외와 스펙타클이 강제하는 관조적인 삶 이전의 일차적이고 구체적인 삶의 세계, 타자와 나를 둘러싸고 있는 모든 사물들과 직접적으로 교섭하면서 살아가는 세계이다. 직접 경험하는 것은 지각이나 표상처럼 나에게 대립하여 맞서지 않으며 오히려 나의 삶 전체를 의미적으로 통일하는 현실적인 범주이다.

2

삶의 각 측면에서 떨어져 나온 이미지들은 세태의 흐름 속에서 한데 통합된다. 여기에서 삶의 단일성[4]을 재건하는 것은 요원해진다. 일부분만 고려된 현실이 독자적인 가장된 세계 — 오직 관조[5]의 대상 — 라는 지배적인 단일성 속에서 자신의 모습을 전개한다. 세계에 대한 이미지의 특화[6]는 독립적인 이미지의 세계 속에서 완성된다. 여기에서 기만은 자기 자신을 기만한다.[7] 스펙타클 일반은 삶의 실질적 전도로서 무생물의 자동운동과 다름없다.[8]

---

4. 단일성(unité, 하나임, 통일)은 소외 또는 분리의 반대 지점에 있는 총체성으로 이해될 수 있다. 그렇지만 이를 헤겔적 의미에서의 인식론과 형이상학적 존재론 —"진리는 전체이다" — 과 연동하여 부분과 개별에 대한 전체, 모순과 대립에 대한 통일로서 이해해서는 안 된다. 단일성은 주체와 객체의 변증법을 강조하는 루카치의 역사 형성의 변증법에 입각하여 고려돼야 한다. 인간은 주체적으로 역사를 만들지만 객관화된 세계는 독자적인 합법칙성을 인간에게 강제한다. 따라서 인간과 사회의 갈등과 모순을 자각하고 그것을 극복하는 단일성의 회복은 긴요한 실천 논리이다.

5. 관조(contemplation)는 대상이나 미적 현상에 대하여 주관을 가미하지 않고 냉정한 마음으로 관찰하는 미적 지각을 훨씬 상회하는 낱말이다. 관조는 이 책의 서두에 드보르가 인용하는 포이어바흐의 『기독교의 본질』과 관련해서 이해돼야 한다. 포이어바흐는 "인간의 본질은 대상의 본질에 의해 결정되며" "신의 본질은 인간의 본질이 소외된 것이다"라고 천명한다. 이런 의미에서 관조는 인간이 외화되어 자신을 소외시키는 태도이다.

6. 특화(spécialisation, 전문화)는 분업화로 이해될 수 있다. 물론 특화는 고전 경제학 이래로 줄곧 강조되고 있는 생산성의 증가를 위한 수단이다.

7. 헤겔의 『논리학』의 전용: "진리는 검증된다."

8. 헤겔의 『예나 시기 정신철학』의 전용: "화폐는 물질적·실존적 개념이자 통

3

스펙타클은 사회 자체, 사회의 부분 그리고 사회 **통일의 도구**로서 동시에 제시된다. 사회의 부분으로서 스펙타클은 특별히 모든 시선과 의식을 집중시키는 영역이다. 스펙타클은 이 영역이 **분리**되어 있다는 사실로 인하여 악용된 시선과 허위의식의 장소이며, 그것이 실행하는 통일은 보편화된 분리[9]의 공식적 언어에 불과하다.

4

스펙타클은 이미지들의 집합이 아니라, 이미지들에 의해 매개된 사람들 간의 사회적 관계이다.[10]

일의 형식이고, 또한 욕구의 대상이 되는 모든 사물들에 대한 가능성의 형식이기도 하다. 욕구와 노동이 이러한 보편성 상태로 고양되면, 욕구와 노동은 한 거대한 민족 속에서 공동체(공동재산)와 상호 의존성의 엄청난 체제를 그 자체를 위해 형성하게 된다. 이를테면 이 체제는 하나의 죽은 현실에 입각하여 그 자체로 움직이는 생활 방식이라고 할 수 있다. 이러한 생활 방식은 그 운동 속에서 맹목적이고 원초적으로 움직이는 야생의 동물과도 같기 때문에 가혹한 제압을 필요로 한다."
9. 분리(séparation)는 더욱더 진화된 소외 형태라고 할 수 있다. 마르크스가 『경제학-철학 초고』에서 진술하는 노동자가 감내해야 하는 세 가지의 소외, 즉 생산물과 활동 그리고 존재로부터의 소외는 스펙타클에 의한 현대 자본주의에서 분리의 형태로 완성된다고 볼 수 있다.

5

스펙타클을 시각 세계의 악용이나 이미지를 대량으로 확산시키는 기술의 산물로 파악해서는 안 된다. 스펙타클은 오히려 물질적으로 표현된 하나의 실질적인 세계관이고, 또한 대상화된 하나의 세계관이다.

6

총체적으로 파악된 스펙타클은 기존 생산양식의 결과이자 동시에 그것의 기획이다.[11] 스펙타클은 현실 세계에 과도하게 덧붙여진 부가물이나 장식물이 아니다.[12] 스펙타클은 현실 사회의 비현실성의 중추이다. 스펙타클은 정보나 선전, 또는 광고물이나 곧바로 소비되는 오락물이라는 특정한 형태 아래 사회를 지배하면서 오늘날 삶의 전범을 이루고 있다. 스펙타클은 생산과

10. 마르크스의 『자본』의 전용: "자본은 사람들 간의 사회적 관계이다. 이 사회적 관계는 사물들을 매개로 확립된다."
11. 코제브의 『헤겔 독해 입문』의 전용: "기획은 결과이며 결과는 기획 ─ 기획에서 탄생한 결과와 결과에 의해 야기된 기획 ─ 이다. (…) 요약하면 현실은 하나의 종합으로서 그 변증법적 진리 속에서 드러난다."
12. 마르크스의 『헤겔 법철학 비판』의 전용: "종교는 이 세계의 일반 이론이자 백과사전적인 개요이며 (…) 성대한 보충물이다."

그 당연한 귀결인 소비 속에서 이미 행해진 선택을 도처에서 긍정하고 있다. 스펙타클의 형식과 내용은 동일한 방식으로 기존 체계의 조건과 목표를 총체적으로 정당화한다. 스펙타클은 또한 현대적 생산의 외부에서 인간이 직접 경험하는 시간의 대부분을 점유한다는 점에서 이러한 정당화의 **영속적인 현전**이기도 하다.

7

분리는 그 자체로 세계의 단일성, 즉 현실과 이미지로 분할된 전반적인 사회적 실천에 귀속된다. 사회생활 ― 이것의 전면에 독자적인 스펙타클이 위치한다 ― 은 스펙타클을 내포하고 있는 현실적 총체성[13]이다. 그러나 이 총체성의 분할은 스펙타클이 사회생활의 목표가 될 정도로 그것[사회생활][14]을 왜곡시킨다. 스펙타클의 언어는 군림하는 생산의 **기호**들로 구성되는데, 이 기호들은 동시에 이러한 생산의 최종적인 합목적성이 된다.

---

13. 총체성(totalité)의 의미는 테제 2의 '단일성'을 참고할 것.
14. [ ] 속에 작게 붙인 낱말들은 옮긴이가 가독성을 위해 부연한 것이다.

8

우리는 스펙타클과 실제 사회 활동을 추상적으로 대립시킬 수 없다. 이 양분(兩分) 자체도 분할되어 있기 때문이다. 현실을 전도시키는 스펙타클은 실제로 생산된다. 사람들이 직접 경험하는 현실은 스펙타클의 관조로 인해 물질적으로 잠식되며, 동시에 이 현실은 스펙타클적 질서에 적극적으로 동조하면서 이 질서를 답습하게 된다. 객관적 현실이 두 측면[스펙타클과 현실]에 공히 존재한다. 이처럼 고착된 각 관념은 반대되는 것을 관통하면서 자신의 토대를 구축한다. 이를테면 현실이 스펙타클 내부에서 솟아나고, 스펙타클은 현실 세계가 된다. 이러한 상호적인 소외가 기존 사회의 본질이자 지지물이 되고 있다.[15]

9

실제로 **전도된** 세계에서 진리는 거짓의 한 계기이다.[16]

---

15. 이 테제의 "이 양분 자체도 분할되어 있다," "객관적 현실이 두 측면에 공히 존재한다"와 "상호적인 소외는 기존 사회의 본질이다"는 헤겔의 저서에서 전용된 것이다.

16. 헤겔의 『정신현상학』, 「서설」의 전용: "(…) (더 이상 거짓이 아닌 것으로서의) 거짓은 진리의 한 계기이다."

10

스펙타클이라는 개념은 다양한 가상적 현상들을 한데 결집하여 그것들의 원인을 해명한다. 스펙타클의 다양성과 [그것들의] 대비는 사회적으로 조직된 가상의 가상들이다. 이 가상의 일반적 본질은 마땅히 규명되어야 한다. 스펙타클은 이 용어 자체에 내재된 것처럼 가상의 **긍정**, 이를테면 인간의 삶 — 사회생활 — 을 단순한 가상으로서 긍정한다. 그러나 스펙타클의 본질을 간파하는 비판은 그것을 삶의 가시적 **부정** — **가시화된** 삶의 부정 — 으로서 폭로한다.

11

스펙타클 — 그 형성과 기능 그리고 그것을 와해시키려는 세력 — 을 기술하기 위해서는 불가분한 요소들을 인위적으로 구별하는 것이 필요하다. 스펙타클의 분석에는 스펙타클의 언어 자체가 어느 정도 차용될 수밖에 없다. 이는 우리가 스펙타클 속에 표현되는 사회의 방법론적 현장을 통과해야 하기 때문이다. 스펙타클은 한 사회적-경제적 조직의 총체적 활동의 **방향**, 즉 그 **일과표**와 다름없다. 스펙타클은 우리를 억누르고 있는 역사적 순간이다.

12

스펙타클은 반박과 접근이 불가능한 거대한 실증성으로 나타난다. 그것은 오로지 "보이는 것은 좋은 것이며, 좋은 것은 보이는 것이다"[17]라고 말할 뿐이다. 스펙타클이 원칙적으로 요구하는 태도는 무기력한 수용이다. 스펙타클은 반박을 용인하지 않는 자신의 보이는 방식, 즉 가상의 독점에 의해 그러한 무기력한 수용을 이미 획득하고 있다.

13

스펙타클은 근본적으로 동어반복적이다. 이 특징은 스펙타클의 수단들이 곧바로 그 목적이라는 단순한 사실에서 연유한다. 스펙타클은 현대의 수동성의 제국 위에 머물고 있는 결코 지지 않는 태양이다.[18] 그것은 지구의 모든 표면을 완전히 뒤덮으면서 무한하게 자신의 영광 속에 잠겨 있다.

---

17. 헤겔의 『법철학 강요』, 「서문」 암시: "이성적인 것은 현실적이고 현실적인 것은 이성적이다."
18. 카를 5세(Karl V)가 구축했던 제국을 일컬었던 공식: "이 제국은 결코 지지 않는 태양이다."

14

　현대 산업에 기초하는 사회는 우발적이거나 표면적으로 스펙타클적인 사회가 아니라, 근본적으로 **스펙타클주의** 사회이다. 스펙타클 — 지배 경제의 이미지 — 속에서 목표는 사소한 것이고 발전만이 전부이다.[19] 스펙타클은 자신 이외의 그 어떤 것도 추구하지 않는다.

15

　스펙타클은 오늘날 생산되는 상품들에 없어서는 안 될 장식 — 체계의 합리성에 대한 보편적 진술 — 이며 증대하고 있는 다수의 상품–이미지들을 직접 가공하는 선진 경제의 분야이다. 스펙타클은 현대사회의 **가장 중요한 생산물**이다.

---

19. 베른슈타인의 『사회주의의 전제와 사민당의 과제』의 전용: "운동이 전부이고 목표는 사소한 것이다."

16

경제가 살아 있는 인간들을 철저하게 예속시킴에 따라서 스
펙타클은 이 인간들을 자신에게 예속시킨다. 스펙타클은 오로
지 자신만을 위해 발전하는 경제이다. 스펙타클은 상품생산의
충실한 반영이며 생산자들[노동자들]의 기만적인 대상화[20]이다.

17

사회생활을 지배하는 경제의 첫 번째 국면은 인간이 실현하
는 모든 것을 존재로부터 소유의 관점으로[21] 규정하는 명백한 퇴
행을 초래한다. 경제의 축적된 결과물이 사회생활을 총체적으
로 점유하고 있는 현재의 국면은 소유로부터 가상[보이는 것]으로
의 전반적인 이행을 선도하고 있다. 그래서 모든 유효한 "소유"
는 자신의 즉각적인 위세와 궁극적인 지위를 이러한 가상에서

---

20. 대상화(Vergegenständlichung)는 인간의 노동과 정신 활동이 객관적인
대상으로 구체화된 것, 즉 대상을 통해 실현된 노동을 말한다(『철학사전』,
2009, 중원문화).
21. 마르크스의 『경제학-철학 초고』 암시: "모든 물리적·정신적 감각들을 대
신하여 이 모든 감각들의 단순한 소외, 즉 소유라는 감각이 나타났다." 테제
18과 19는 마르크스가 같은 책에서 발전시키는 이러한 감각들의 사회화와 관
계 있다: "감각들은 그 실천 속에서 직접적으로 이론가들로 전화된다."

추출해야 한다. 이와 함께 모든 개인적 현실은 사회적 권력에 의해 철저하게 종속·가공되는 사회적 현실이 된다. 개인적 현실은 **존재하지 않으며**, 단지 [가상적으로] 보이는 것만이 용인된다.

18

현실 세계가 오로지 단순한 이미지로 변화된 세계에서 이 이미지는 현실적 존재가 되며,[22] 최면 상태에 빠진 활동을 야기하는 효과적인 동기가 된다. 스펙타클은 특화된 여러 매개들을 통해 더 이상 직접적으로 포착할 수 없는 세계를 보이게 하는 성향을 갖는다. 인간의 특권적 감각은 다른 시대에는 촉각이었다. 스펙타클은 그것을 시각으로 대체한다. 가장 추상적이고 가장 신비화되기 쉬운 감각인 시각은 현대사회의 일반화된 추상과 일치한다. 그러나 스펙타클은 단순한 시선 — 이 시선이 청각과 결합돼 있다 할지라도 — 과 동일시될 수 없다. 스펙타클은 인간 활동과 이 활동의 성과에 대한 재고와 수정을 초월해서 존재한다. 그것은 대화와는 거리가 멀다. 스펙타클은 독립적인 **표상**이 존재하는 어디에서나 재구성된다.

---

22. 마르크스와 엥겔스의 『신성가족』에 진술된 으젠느 슈(Eugène Sue)에 대한 문장의 전용: "외부 세계가 단순한 관념들로 변화된 사람에게 단순한 관념들은 감각적 존재들이 된다."

19

스펙타클은 시각 범주의 영향 아래 [인간] 활동을 이해하고자
했던 서구 철학의 기획에 내재된 모든 **결점**을 계승하고 있다.[23]
스펙타클은 이러한 사유에서 유래한 정밀 기술적 합리성의 끊
임없는 전개에 의지한다. 스펙타클은 철학을 현실화하는 것이
아니라 현실을 철학화한다.[24] 사변적인 세계로 퇴행한 것은 바
로 모든 사람의 구체적 삶이다.

20

분리된 사유의 능력으로서 그리고 분리된 능력의 사유로서
철학은 단 한 번도 신학을 넘어선 적이 없었다. 스펙타클은 종
교적 환상의 물질적 재구성이다. 스펙타클의 기술은 인간이 자
신의 능력을 떼어내 구축했던 종교적 구름을 사라지게 하지 못
한다. 이 기술은 단지 종교적 구름과 지상의 기지(base)를 한데
묶을 뿐이다. 결과적으로 불투명하고 숨을 쉴 수 없게 된 것은

---

23. 호이징가의 『중세의 가을』 암시: "쇠퇴하는 중세 시대의 근본적인 특징 중
에 하나는 사유의 퇴행과 밀접한 관계를 지닌 것처럼 보이는 시각의 우위성이
다. 사람들은 시각적인 이미지를 통해 생각하고 자신을 표현한다."
24. 마르크스의 『헤겔 법철학 비판』의 전용: "(당신은) 철학의 현실화 없이 철
학을 지양할 수 없다."

바로 가장 지상적인 삶이다. 지상의 삶은 더 이상 하늘로 새 가지를 뻗을 수 없다. 지상의 삶은 자신의 거처에 자신의 절대적인 기피, 이를테면 기만적인 낙원을 입주시킬 뿐이다. 스펙타클은 인간의 능력을 피안 속으로 추방하는 기술적 실현, 즉 인간의 내면에 완성된 분할이다.[25]

21

필요가 사회적으로 꿈꾸는 상황에 처해질수록 이 꿈은 필연적이 된다. 스펙타클은 사슬에 묶인 현대사회의 악몽이다. 이 사회는 오로지 잠들려는 욕구만을 표명한다. 스펙타클은 이러한 수면의 수호자이다.[26]

22

현대사회의 실천적 힘은 자신으로부터 분리되어 스펙타클 속에 하나의 독립적인 제국을 건립한다. 이 사실은 이러한 강력한 실천이 계속해서 응집력을 잃은 채 자신과 모순된 상태로 머물

---

25. 포이어바흐의 『기독교의 본질』 암시.
26. 프로이트의 『꿈의 해석』 암시.

러 있다는 또 다른 사실에 의해서 해명될 뿐이다.[27]

23

스펙타클의 근원은 가장 해묵은 사회적 특화, 즉 권력의 특화이다. 그렇기 때문에 스펙타클은 다른 모든 활동들을 변호하는 하나의 특화된 활동이다. 그것은 일체의 다른 표명을 금지하는 위계적 사회의 외교단 역할을 수행한다. 이 사회에서 가장 현대적인 것은 또한 가장 낡은 것이기도 하다.[28]

24

스펙타클은 현 질서가 기초하고 있는 끊이지 않는 담론이며 스스로를 찬양하는 독백이다. 그것은 권력이 삶의 조건을 전체주의적으로 관리하는 시대에 나타나는 권력의 자화상이다. 스펙타클적 관계 속에 있는 순수 객관성이라는 물신화된 가상은

---

27. 마르크스의 『포이어바흐에 관한 테제』의 전용: "그러나 세속적 기초가 그 자신으로부터 이탈하여 구름 속에서 하나의 자립적 제국으로 정착된다는 사실은 이 세속적 기초의 자기 분열과 자기모순에 의해서만 설명될 수 있다."
28. 마르크스의 『정치경제학 비판』의 전용: "그러한 결정론은 가장 최근의 시대나 가장 오래된 시대나 공히 존재한다."

인간들 간의 그리고 계급들 간의 관계에 존재하는 스펙타클적 특징을 은폐하고 있다. 다시 말해, 제2의 자연이 자신의 치명적인 법칙에 입각해서 우리의 환경을 지배하고 있는 듯하다. 그러나 스펙타클은 하나의 **자연적** 발전으로 간주되는 기술적 발전의 필연적 산물이 아니다. 이와 반대로 스펙타클의 사회는 자신의 특화된 내용물을 선택하는 사회형태이다. 만일 스펙타클을 "매스커뮤니케이션의 수단" ― 이것은 스펙타클의 가장 두드러진 피상적 발현이다 ― 이라는 협의적 의미로 이해한다면, 우리는 스펙타클이 단순한 하나의 기기(機器)로서 사회를 뒤덮고 있다고 생각할 수 있다. 그렇지만 이 기기는 전혀 중립적이지 않은, 이를테면 전적으로 자기운동에만 유익한 기기이다. 이러한 기술이 발전하고 있는 시대의 사회적 필요가 오로지 이 기술의 매개에 의해서만 충족될 수 있고, 그리고 이 사회의 관리와 사람들 사이의 모든 접촉이 이 즉각적인 소통의 힘을 빌리지 않고는 도무지 가능하지 않다면, 그것은 이 "소통"이 본질적으로 일방적이기 때문이다. 결과적으로 소통의 집중은 결정된 관리를 계속하도록 하는 수단을 기존 체계의 행정기관의 수중에 축적시킨다. 스펙타클의 일반화된 분열[29]은 사회 내부의 보편적인 분열의 형태로서, 사회적 분업의 산물이자 계급 지배의 기관인 현대 **국가**와 불가분의 관계를 갖는다.

---

[29]. 스펙타클의 분열에 대해서는 테제 63-65를 참고할 것.

25

분리는 스펙타클의 알파이자 오메가이다. 사회적 분업의 제도화 — 계급의 성립 — 는 최초의 신성한 관조, 즉 신화적 질서 — 모든 권력은 그 시원부터 보호막처럼 이 질서로 자신을 감싼다 — 를 구축해 왔다. 신성은 주인의 사욕과 일치하는 우주적·존재론적 명령을 정당화한다. 신성은 사회가 할 수 없는 것을 설명하고 미화한다. 따라서 모든 분리된 권력은 스펙타클과 함께 존재해 왔다. 그래서 그러한 부동의 이미지[신성]에 대한 사람들의 집착은 실제 사회 활동의 빈곤함 — 많은 사람들은 이것을 여전히 하나의 단일한 조건으로 생각한다 — 을 보상하기 위한 어떤 상상의 연장에 대한 모두의 염원을 의미했다. 이와 반대로 현대적 스펙타클은 사회가 할 수 있는 것을 표현한다. 그러나 할 수 있는 것이라는 표현 속의 허용된 것은 가능한 것과 절대적으로 대립된다. 스펙타클은 존재 조건의 실질적인 변화 속에 무의식을 보존한다. 스펙타클은 그 자신의 산물이며, 스스로가 자신의 규칙을 상정한다. 스펙타클은 가장된 신성이며 자신의 **모습**을 있는 **그대로** 드러낸다. 다시 말해, 스펙타클은 기계들의 독립적인 운동이 지배하는, 동작들의 세분화로 이루어지는 분업이라는 날로 정교해지는 수단에 의한 생산력의 증대 속에서, 오로지 자신만을 위해 발전하는 분리된 힘으로서 언제나 보다 더 방대한 시장을 위해 작동한다. 모든 공동체와 비판적 감각은 이 운동에 의해 와해되며, 이 운동 속에서 서로 분리되어 성장하는 [비판적] 세력들은 아직까지는 **재결합**되지 못하고 있다.

26

노동자와 [노동자의] 생산물 사이의 일반화된 분리는 완료된 활동에 대한 단일한 관점과 생산자들 사이의 매개 없는 모든 개인적인 소통을 소멸시킨다. 분리된 생산물들의 축적과 생산 과정의 집중이 심화됨에 따라, 단일성과 소통은 체계를 관리하는 배타적 속성이 된다. 분리된 경제체제의 성공은 세계의 **프롤레타리아화**를 이끈다.

27

원시사회에서 가장 중요한 일과 결합됐던 기본적인 경험이 체계의 발전이 극단에 이르고 있는 현시점에서, 분리된 생산 ─ 분리된 것의 생산 ─ 의 성공에 의해 무노동, 즉 비활동으로 대체되고 있는 중이다. 그러나 비활동은 결코 생산 활동으로부터 해방될 수 없다. 왜냐하면 비활동은 생산 활동에 의존하면서 생산의 필요성과 성과에 불안해하고 동시에 감탄하면서 예속돼 있기 때문이다. 다시 말해, 비활동은 그 자체로 생산의 합리성의 산물이다. 자유는 활동의 외부에 존재할 수 없는데, 이러한 성과의 전반적인 구축을 위해 실제 활동이 완전하게 포획돼 있는 것처럼, 스펙타클의 구도 속에서는 모든 활동이 부정된다. 오늘날의 "노동으로부터의 해방," 즉 여가의 증대는 결코 노동 속에서 실현된 해방도, 노동이 가공한 세계로부터의 해방도 아니다. 노동 속에서 빼앗긴 활동의 그 어떤 것도 노동의 결과에 대한 예속 속에서 되찾을 수 없다.

28

고립에 기초한 경제체제는 고립의 순환적 생산이다. 고립은 기술을 정당화하고, 그 대가로 기술의 발전 과정이 고립된다. 스펙타클 체계가 선별한 재화들은 자동차로부터 TV에 이르기까지 모두 "고독한 군중"[30]의 고립 조건을 영구히 강화시키는 무기이다. 스펙타클은 자신의 전제들을 더욱 구체적으로 계속 재발견한다.

---

30. 데이비드 리스먼의 『고독한 군중(*The Lonely Crowd*)』(1950) 암시.

29

스펙타클의 기원은 세계의 단일성의 상실에 있다. 현대적 스펙타클의 거대한 팽창은 이러한 상실의 총체를 나타낸다. 모든 개별적 노동의 추상화와 생산 전체의 일반적인 추상화는 스펙타클 속에서 완벽하게 드러난다. 왜냐하면 스펙타클의 **구체적 존재 양태**가 바로 추상화이기 때문이다. 스펙타클 속에서 세계의 한 부분이 세계의 전면에 **표상되며**, 이것은 세계를 능가하는 위치를 점한다.[31] 스펙타클은 이러한 분리를 의미하는 공통 언어에 불과하다. 관객들을 한데 결합하는 것은 이들의 고립을 유지시키고 있는 중심과의 불가역적 관계일 뿐이다. 스펙타클은 분리된 것을 한데 결합하지만, 그것을 분리된 상태로서 결합한다.[32]

---

31. 마르크스의 『포이어바흐에 관한 테제』의 전용: "따라서 유물론적 학설은 사회를 두 부분 ─ 그중 한 부분은 다른 부분보다 더 우월하게 된다 ─ 으로 나누는 경향이 있다."

32. 헤겔의 『청년 헤겔의 신학론집』의 전용: "사랑 속에서 분리된 것은 여전히 존재하나, 그것은 더 이상 분리된 것이 아니라 통일된 것으로 존재한다: 살아 있는 사람이 살아 있는 사람을 만나게 되는 것이다."

30

관조된 대상을 위한 관객의 소외는 그 자신의 무의식적 활동의 결과이다. 관객의 소외는 다음과 같이 표현된다: 그가 넋 놓고 바라보면 볼수록 삶의 영역은 축소되며, 그가 이러한 지배 이미지들 속에서 자신의 모습을 발견하면 할수록 무엇이 진정으로 자신의 삶이고 욕망인지 알 수 없게 된다. 스펙타클의 외재성은 활동적인 인간에게 그의 행위가 더 이상 그 자신이 아닌, 이 행위를 그에게 표상해 주는 타자에 귀속한다는 사실로 나타난다. 관객은 어느 곳에서도 자신의 안식처를 발견할 수 없다. 스펙타클이 도처에 존재하기 때문이다.[33]

31

노동자는 자신을 생산하지 않는다. 그는 어떤 독립적인 지배력을 생산한다. 이 생산의 성공, 즉 과잉[34] 생산은 생산자에게

---

33. 마르크스의 『경제학-철학 초고』의 전용: "자기 체념, 즉 삶과 모든 인간적 욕망의 체념은 정치경제학이 주로 가르치는 명제이다. (…) 그대가 더 보잘것없이 존재하고, 그대가 삶을 더 적게 표명하면 할수록 그대는 그만큼 더 많이 소유하게 될 것이다. 그대의 소외된 삶의 외연이 더욱더 확장되면 될수록 그대는 그대의 소외된 존재로부터 그만큼 더 이득을 축적할 것이다."

34. 드보르는 여기에서 abondance(풍요)라는 낱말을 사용하고 있으나 이 낱

박탈의 과잉으로서 되돌아온다. 노동자를 둘러싼 세계의 시간
과 공간은 소외된 생산물들의 축적으로 인해 그에게 낯선 것이
된다. 스펙타클은 이 새로운 세계의 지도, 즉 노동자의 영토를
완전히 포괄하고 있는 지도이다.[35] 우리로부터 탈주한 힘이 우
리에게 강력한 지배력을 드러낸다.

32

  사회 속의 스펙타클은 소외의 실질적 생산과 일치한다. 경제
성장이란 주로 이 특별한 산업 생산의 팽창을 의미한다. 자신을
위해 가동되는 경제가 성장시키는 것은 자신의 본래적 실체인
소외뿐이다.

33

  자신의 생산물로부터 분리된 인간은 자신의 세계를 구성하는

말은 과잉(surabondance)으로 수용해야 할 듯하다. 과잉 생산은 자본이 추구
하는 이윤 극대화와 그 방법 사이에서 오는 모순의 하나이다. 이러한 모순이
심화되면 이것은 공황(Crise)의 형태로 폭발한다.
35. 알프레드 코지브스키(Alfred Korzybski, 1879-1950)의 경구 암시: "지도
는 영토가 아니다."

세세한 부분까지도 견고하게 생산한다. 결과적으로 인간은 세계로부터 더욱더 분리된다. 이제 인간의 삶이란 그의 생산물이므로, 인간은 그만큼 더 삶과 분리된다.

34

스펙타클은 고도로 축적되어 이미지가 된 **자본**이다.

II. 스펙타클로서의 상품

"상품은 오직 완전한 사회적 존재의 보편적인 범주로서만 그 진정한 본질이 파악될 수 있기 때문이다. 바로 이러한 맥락 속에서 상품 관계에서 비롯된 물화가, 사회의 객관적 발전이나 사회에 대한 인간의 태도에 대해서, 또는 물화가 표현되는 형식들에 대한 인간 의식의 예속에 대해서 결정적인 의미를 획득하게 된다. (…) 이러한 예속은 노동과정의 합리화와 기계화가 점차 증가함에 따라 노동자의 활동이 활동이라는 특징을 상실하여 관조적인 태도가 됨으로써 한층 더 심화된다."

— 루카치, 『역사와 계급의식』

35

스펙타클의 본질적 운동은 **유동 상태**의 인간 활동에 존재하는 모든 것을 포획하여 그것을 응고 상태, 즉 사물 — 이 사물은 경험된 가치에 대한 자신의 **음화적**(陰畵的) 표명[1]에 의해 배타적인 가치가 된다 — 로서 소유하려 한다. 우리는 이러한 스펙타클의 운동 속에서 우리의 해묵은 적을 식별할 수 있다. 이 적은 자신의 모습을 어떻게 하면 첫눈에 진부하고 당연한 것으로 드러낼지 너무 잘 알고 있지만, 실상은 아주 복잡하며 형이상학적 교묘함으로 가득 차 있다.[2] 이 적이 바로 **상품**이다.

36

이것이 바로 상품 물신주의의 원리, 즉 "감각적이지만 초감각

---

1. 사진에 쓰는 감광판인 음화(le négatif)라는 표현에는 인간의 경험, 즉 인간 활동의 역동성을 정체적인 것으로 만들려는 스펙타클의 전략이 잘 드러나 있다. 테제 114, 197에서도 같은 낱말이 사용되고 있다.
2. 마르크스의 『자본』의 전용: "상품은 첫눈에는 자명하고 평범한 물건으로 나타난다. 그러나 상품을 분석하면, 그것이 형이상학적 교묘함과 신학적 궤변으로 가득 찬 아주 복잡한 물건으로 드러난다."

적이 된 사물들"³에 의한 사회의 지배이다. 이 원리는 스펙타클 속에서 완전히 실현된다. 여기에서 감각적 세계는 선별된 이미지들로 대체되며, 이 이미지들은 감각적 세계를 초월하여 존재하지만 가장 감각적인 것으로 인정받는다.

37

스펙타클이 가시화시키는 존재하면서도 부재하는 세계는 경험되는 모든 것을 지배하는 상품 세계이다. 상품 세계는 이처럼 자신의 모습을 있는 그대로 드러낸다. 왜냐하면 상품 세계의 운동은 인간과 인간 사이 그리고 인간과 그의 모든 생산물 사이의 괴리를 의미하기 때문이다.

38

질의 저하가 스펙타클 언어의 모든 층위에서 명백하게 나타난다. 이 언어가 찬양하는 대상들과 이 언어가 규제하는 행동에 나타나는 질의 저하는 현실을 배제하는 실제 생산의 기본적인 특

3. 마르크스의 『자본』의 인용.

성을 표출하고 있을 뿐이다. 다시 말해, 상품 형태는 그것 자체, 즉 양의 범주와 철저하게 동일하다.[4] 상품 형태가 발전시키는 것은 바로 양이며, 그것은 오직 양을 통해서만 발전할 수 있다.

39

질을 배제하는 이러한 발전은 — 발전의 자격으로서 — 질적인 이행을 겪게 된다. 다시 말해, 스펙타클은 발전이 **풍요**의 한계를 넘어섰음을 의미한다. 이는 몇몇 사항에 의거하면 지역적으로 국한되지만, 상품의 본래적 준거인 세계적 척도에 입각하면 이미 진실이다. 상품의 실천적 운동은 세계시장으로서의 지구 전체를 한데 결집시키면서 이 본래적 준거를 입증하고 있다.

40

생산력의 발전은 **무의식적인** 실제 역사로 존재해 왔다. 이 역사는 생존 조건 — 인간 집단의 모든 기획의 경제적인 토대 — 으로서 인간 집단의 존재 조건과 이 조건의 확장을 구축하고

---

4. 헤겔의 『엔치클로페디아』의 전용.

변형해 왔다. 상품 영역은 자연경제[5] 내에서는 생존을 위한 하나의 잉여분을 의미했다. 독립된 생산자들 사이에서 이루어지는 다양한 상품들의 교환을 전제로 했던 상품생산은 오랫동안 수공업적 상태에 머물러 있으면서 부차적으로 경제적 기능을 수행했다. 여기에서 상품생산의 양적 진실은 아직 드러나지 않고 있었다. 그렇지만 상품생산이 대규모 무역과 자본 축적이라는 두 가지의 사회적 조건과 조우한 곳에서, 그것은 경제의 총체적 지배력을 장악한다. 결과적으로, 경제 전체는 상품이 이 정복의 도정에서 이미 드러냈던 것, 즉 양적 발전의 과정이 된다. 상품 형태를 통한 경제적인 지배력의 끊임없는 확장은 인간 노동을 상품 노동, 즉 **임금노동**으로 변형시키면서 중첩적으로 풍요에 도달한다. 확실히 풍요 속에서 생존이라는 일차적 문제는 해결된다. 그러나 이 생존은 계속해서 재발견되어야 하며, 매번 보다 높은 단계로 상정해야 한다. 경제성장은 생존을 위해 즉각적인 투쟁을 강제하는 자연의 압력으로부터 사회를 해방시킨다. 그런데 사회는 바로 자신의 해방자로부터 해방되지 못한다. 상품의 **독립**은 경제 전체로 확장되어 경제를 지배하게 된다. 경제는 세계를 변형시키지만, 이는 단지 세계를 경제의 세계로 변형하는 것에 불과하다. 이 가장된 자연은 인간 노동을 소외시키면서 무한하게 계속되는 **봉사**를 강제한다. 이 봉사는 사실상 오직 그 자체에 의해 심판받고 용서되기 때문에 사회적으로 용인된 기획과 노력의 총체 ― 봉사의 하수인 ― 를 획득하게 된

---

5. 자연경제는 화폐를 사용하지 아니하고 물건과 물건을 맞바꾸거나 자급자족으로 이루어지는 경제를 의미한다.

다.[6] 상품의 풍요, 즉 상품 관계의 풍요는 **연장된 생존**에 불과하다.

41

경제에 대한 상품의 지배는 처음에는 은밀한 방식으로 행사되었다. 친숙한 것이 그만큼 더 인식되지 못하고 있는 것처럼,[7] 사회생활의 물질적 토대임에도 불구하고 경제 자체는 인지되지도 않았고 또 이해되지도 않았다. 구체적인 상품이 희소하거나 보잘것없었던 사회에서는 바로 화폐의 표면적인 지배가 마치 미지의 세력을 대변하는 전권을 위임받은 밀사처럼 그 모습을 나타낸다. 상품은 산업혁명, 제조업의 분업과 세계시장을 겨냥한 대량생산과 함께 사회생활을 실제로 **점령하려는** 하나의 세력으로서 모습을 드러낸다. 정치경제학은 바로 이 시기에 주된 학문이자 동시에 지배의 학문이 된다.

---

6. 헤겔의 『정신현상학』, 「자기의식」 장에서의 주인과 노예의 변증법 암시.
7. 헤겔의 『정신현상학』, 「서문」 암시: "널리 알려져 있는 것은, 그것이 널리 알려져 있기 때문에, 가장 적게 인식되어 있는 것이다."

42

　스펙타클은 상품이 사회생활을 **총체적으로 점령하기에** 이르는 계기가 된다. 상품과의 관계가 가시화되며, 사람들은 그것만을 볼 수 있을 뿐이다. 사람들이 보는 세계는 상품 세계이다. 현대 경제의 생산은 상품 독재의 범위와 강도를 확장시키고 있다. 상품의 지배가 몇몇 인기 상품들을 통해 그리고 생산성의 발전에 있어 수위를 차지하고 있는 지역들이 강제하는 제국주의적 지배에 의해 산업화가 가장 더딘 지역들에서 이미 시작되고 있다. 선진 지역들의 사회적 공간은 상품 지층들의 연속적 중첩에 의해 침범당하고 있다. "제2의 산업혁명" 단계에서, 소외된 소비는 대중들에게 소외된 생산을 위한 추가적 의무가 된다. 한 사회에서 **판매된 모든 노동**은 전반적으로 **총 상품**이 되며, 그것의 순환은 계속되어야 한다. 이를 실현하려면 전체로서 작동하는 생산력에서 완전히 분리된, 파편화된 개인들에게 총 상품이 부분적으로만 되돌려져야 한다. 그러므로 여기에서 특화된 지배 학문[8]은 또다시 특화되어야 한다. 이 지배 학문은 특화 과정의 각 층위의 자율성을 감시하면서 사회학, 정신공학, 사이버네틱스, 기호학 등으로 세분화된다.

8. 정치경제학을 의미한다.

43

자본주의적 축적의 초기 단계에서 "정치경제학은 **프롤레타리 아**를 **노동자**로서만 취급한다." 노동자는 "여가 생활과 인간다 움"에 대한 고려가 전혀 없이 노동력 유지에 필수적인 최저 생 계비만을 수령해야 한다. 그런데 이러한 사고를 견지하는 지배 계급의 태도는 노동자의 협력에 대한 잉여금이 주장될 정도로 상품생산이 풍요에 이르는 순간 곧바로 돌변한다. 노동자는 돌 연 온갖 형태의 생산의 조직과 감시가 자신을 향해 노골적으로 드러냈던 전반적인 경멸을 깨끗이 씻어낸다. 그는 생산 체제 밖 에서 사람들이 겉보기에 깍듯한 예의를 지키면서 소비자로 변 신한 자신을 어른으로 매일 대우하고 있음을 알게 된다. 이 순 간에 **상품의 휴머니즘**은 노동자의 "여가 생활과 인간다움"을 책 임지는데, 왜냐하면 정치경제학이 이제부터 정치경제학의 **자격** 으로서 이러한 영역들을 지배할 수 있는 능력을 갖추고 또 지배 해야 하기 때문이다. 그리하여 "인간의 완벽한 부정"이 인간의 삶 전체에 대한 책임을 넘겨받는다.[9]

---

9. 이 테제의 모든 인용의 출처는 마르크스의 『경제학-철학 초고』이다.

44

스펙타클은 일종의 항구적인 아편전쟁이다. 이것은 재화와
상품의 동일화, 그리고 충족과 상품 고유의 법칙에 따라 연장되
는 생존의 동일화를 강제한다. 그러나 소모성 생존이 항상 연장
되어야 하는 그 무엇이라고 한다면, 그것은 생존이 언제나 **결핍**
을 내포하고 있기 때문이다. 연장된 생존 너머에 어떤 것도 존재
하지 않고, 생존의 연장을 멈추게 할 수 있는 그 어떤 지점도 존
재하지 않는 것은, 생존이 결핍 너머에 있지 않기 때문이다. 생
존은 단지 더 부유해진 결핍일 뿐이다.

45

자동화는 현대 산업의 가장 진화된 부문이자 또한 현대 산업
의 실행을 완벽하게 집약하고 있는 전범이다. 이러한 자동화와
함께 상품 세계는 다음의 모순, 이를테면 노동을 사실상 제거
하는 특화된 기계 및 설비가 **상품으로서의 노동**과 함께, 상품의
유일한 탄생지[10]를 동시에 보존해야 하는 모순을 극복해야 한
다. 자동화, 혹은 그것보다 덜 극단적인 노동생산성 증대를 위

---

10. 이 표현은 노동을 의미한다.

한 형태들로 인해 사회에 필요한 노동시간이 실제적으로 감소되는 것을 방지하려면 새로운 일자리들이 창출돼야 한다. 제3차 산업, 즉 서비스 산업은 시대를 선도하는 상품들의 찬사를 위한 유통 부대가 단계별 전선(戰線)에 따라 거대하게 정렬해 있는 모습이다. 특정 상품에 대한 인위적인 수요에 대비하여 노동–후방 조직인 보충 부대가 동원된다.

46

교환가치는 오직 사용가치의 동인(動因)으로서 형성될 수 있었다. 그러나 교환가치는 고유의 무기로 승리를 이끌면서 독자적인 지배 조건들을 만들어 낸다. 교환가치는 인간의 모든 사용가치를 결집시켜 그것의 충족을 독점함으로써 마침내 **사용가치를 지배하게 된다**. 교환 과정은 생각할 수 있는 모든 사용가치와 동일시되며, 사용가치는 교환가치에 좌지우지될 정도로 축소된다. 교환가치는 사용가치의 용병으로, 종국에는 자신의 이득을 위해 전쟁을 치른다.

47

자본주의 경제의 상수, 즉 **사용가치의 저하 경향**[11]은 연장된 생존의 내부에 새로운 형태의 결핍을 발전시킨다. 연장된 생존은 과거의 궁핍에서 그만큼 더 해방됐음을 의미하지 않는다. 왜냐하면 연장된 생존은 다수의 사람들에게 임금노동자로서 쉴 새 없이 계속 노력할 것을 강제하기 때문이다. 인간은 이것에 복종하든지 혹은 죽음을 각오하든지 간에 다른 선택의 여지가 없음을 잘 알고 있다. 바로 이러한 위협적인 현실이 가장 빈약한 형태의 사용(먹기, 거주하기)이 연장된 생존이라는 허망한 부유함 속에 갇혀 있을 수밖에 없는 사실을 설명해 준다. 이러한 허망한 부유함이 최신 상품들의 소비 속에서 환상을 일반적으로 수용하는 현실적인 토대이다. 실재하는 소비자는 환상의 소비자가 된다. 상품은 이처럼 진정으로 현실적인 환상이며, 스펙타클은 이러한 환상의 일반적인 표명이다.

48

교환가치 속에 암묵적으로 포함돼 있는 사용가치는 이제 스

---

11. 마르크스의 "이윤율 저하 경향의 법칙"의 전용

펙타클이라는 전도된 현실 속에서 명시적으로 표명돼야 한다. 왜냐하면 과잉 발전된 상품경제가 사용가치의 실제 현실을 부식시키고, 가장된 삶은 거짓된 정당화를 필요로 하기 때문이다.

49

　스펙타클은 화폐의 다른 얼굴, 즉 모든 상품의 추상적 · 일반적 등가물이다. 화폐는 핵심적인 등가물의 표상, 즉 사용[12]을 서로 비교할 수 없는 수많은 재화들의 교환 가능한 특징의 표상으로서 사회를 지배해 왔다. 스펙타클은 현대적으로 진화한 화폐의 보충물이다. 여기에서 상품 세계의 총체는 사회 전체의 존재 양상이나 사회 전체가 행할 수 있는 것에 대한 일반적인 등가물인 하나의 집합체로서 나타난다. 스펙타클은 사람들이 단지 바라보기만 하는 화폐인데, 왜냐하면 스펙타클 속에서 사용의 총체가 이미 추상적인 표상의 총체와 교환되기 때문이다. 스펙타클은 가장된 사용의 하수인일 뿐만 아니라, 그 자체로 이미 삶의 가장된 사용이다.

---

12. 이 테제에서 언급하고 있는 사용은 사용가치의 의미로 수용해도 무방하다.

50

경제적 풍요의 시기에 이르면 사회적 노동의 집약적 결과는 가시적인 것이 되어 모든 현실을 가상에 종속시킨다. 가상은 이제 사회적 노동의 산물이 된다. 자본은 더 이상 생산양식을 통제하는 보이지 않는 중심이 아니다. 자본의 축적은 사회의 주변부에 이르기까지 감각적 대상의 형태 아래 자본을 펼쳐 놓는다. 사회의 모든 영역이 자본의 초상화가 된다.

51

자율적인 경제의 승리는 동시에 그것의 패배를 의미한다.[13] 자율적인 경제가 유발시킨 힘들은 옛 사회들의 확고부동한 토대였던 경제적 필연성을 폐지한다. 자율적인 경제가 경제적 필연성을 끝없는 경제 발전의 필연성으로 대체하는 것은 간단하게 식별할 수 있는 인간의 기본적인 필요의 충족을 가장된 필요의 부단한 생산으로 대체함을 의미한다. 이 가장된 필요의 생산은 오직 자율적인 경제의 지배를 유지하려는 가장된 필요로 귀결된다. 그렇지만 자율적인 경제는 근원적인 필요와 영원히

---

13. 마르크스가 루게에게 보낸 서신(1843년 9월)의 전용: "그것의 승리는 동시에 그것의 패배이다.".

분리된다. 왜냐하면 자율적인 경제는 부지불식간에 자신에게 의존하고 있는 **사회적 무의식**으로부터 솟아나오기 때문이다. "의식적인 모든 것은 약화된다. 무의식적인 것은 영속한다. 그러나 한 번 해방된 무의식은 파괴되지 않겠는가?"(프로이트).

52

사회는 자신이 경제에 종속돼 있다고 생각하지만, 사실은 경제가 사회에 종속돼 있다. 이 지하의 힘은 최고 권한을 가진 것처럼 보이나 그 힘을 잃게 된다. 경제적 이드(Id)가 있었던 곳으로부터 **자아**가 탄생하기 때문이다. 주체는 오로지 사회로부터, 다시 말해 사회에 내재된 투쟁으로부터만 탄생할 수 있다. 이 주체의 존재 가능성은 계급투쟁의 결과, 이를테면 역사의 경제적 토대의 산물이자 생산자로서 모습을 드러내는 계급투쟁의 결과에 달려 있다.

53

욕망의 자각과 자각의 욕망은 동일한 기획이다. 이 기획은 그 부정적 형식 아래 계급의 폐지, 즉 노동자가 자신이 활동하는

매 순간을 직접적으로 점유하려는 기획이다. 이 기획의 **대립물**
이 스펙타클의 사회이다. 이 사회에서 상품은 자신이 만들어 낸
세계 속에서 자신을 관조한다.[14]

---

14. 마르크스의『경제학-철학 초고』암시: "인간은 자신이 만들어 낸 세계 속
에서 자신을 관조한다…."

III. 가상 속의 단일성과 분열

"하나가 둘로 나뉜다"와 "둘이 하나로 융합된다"라는 개념들을 둘러싸고 이 나라 철학의 전선에서 격렬하고도 새로운 논쟁이 벌어지고 있다. 이 논쟁은 유물론적 변증법에 대한 찬반 입장을 고수하는 사람들 사이의 투쟁, 이를테면 두 가지 세계관 — 프롤레타리아트 세계관과 부르주아지 세계관 — 사이의 투쟁이다. "하나가 둘로 나뉜다"라는 개념이 사태의 기본 법칙이라고 주장하는 사람들은 유물론적 변증법을 옹호하며, "둘이 하나로 융합된다"라는 개념을 지지하는 사람들은 그것을 적대시한다. 분명한 경계선이 이들 사이에 그어져 있으며, 이들의 논거는 완전히 상반된다. 이 논쟁은 이데올로기적 측면에서 중국과 전 세계에서 전개되고 있는 첨예하고도 복잡한 계급투쟁을 반영하고 있다."

— 베이징의 『붉은 깃발』, 1964년 9월 21일

54

스펙타클은 현대사회와 마찬가지로 통일적이면서 동시에 분열적이다. 스펙타클은 현대사회처럼 내분에 입각하여 단일성을 구축한다. 그러나 스펙타클 속에서 나타나는 모순은 또다시 그 의미가 전복되면서 반박된다. 그 결과, 드러난 분열은 단일적인 반면, 드러난 단일성은 분열적이다.

55

권력투쟁이 동일한 사회·경제 체계의 관리를 위해 조직되어 왔다. 이것은 공식적인 모순처럼 전개되지만, 실제로는 대내외적으로 현실적 단일성에 고유한 것이다.

56

스펙타클적인 거짓 투쟁이 분리된 권력에 의거한 경쟁적인

[사회]형태들에 의해 전개되고 있다. 이 거짓 투쟁은 체계의 불평등하고 분쟁적인 발전 — 이 체계를 인정하는 계급들이나 혹은 계급 분파들 사이의 상대적으로 모순적인 이해관계 — 을 나타내고 있고, 동시에 이 체계의 권력에 참여하기를 명확하게 표현하고 있다는 점에서 현실적이다. 가장 선진적인 경제 발전이 우선 과제들 간의 충돌인 것과 마찬가지로, 국가 관료주의에 의한 경제의 전체주의적 관리와 국가들의 상황 — 식민지화·반식민지화 상태에 놓여 있는 국가들 — 은 생산과 권력 양태에 내재된 중요한 특수성에 의해 규정된다. 이러한 대립된 체계들은 아주 상이한 준거에 따른 전혀 별개의 사회형태들로 여겨질 수 있다. 그러나 이 특수성의 진실은 이 사회형태들에 고유한 활동 분야의 실제 현실에 의거하면 보편적인 체계, 즉 이 사회형태들을 포함하면서 지구 전체를 활동 영역으로 삼고 있는 유일무이한 운동인 자본주의에 있다.

57

스펙타클을 보유하고 있는 사회는 단순히 경제적 패권뿐만 아니라 **스펙타클의 사회의 자격으로** 낙후된 지역들을 지배한다. 현대사회는 물질적 토대가 아직 존재하지 않는 각 대륙의 사회적 표층을 스펙타클을 통해 이미 점령하고 있다. 스펙타클은 현지 지배계급의 강령을 규정하고 그 조직의 책임을 담당한다. 스펙타클은 노려야 하는 가장된 재화들을 제시하며, 또한 현지 혁명가들에게 혁명의 거짓 모델을 제공한다. 몇몇 산업 국가들을 장악하고 있는 관료주의적 권력에 고유한 스펙타클은 — 이 권력이 거짓으로 스펙타클을 전면적으로 부정하든지 혹은 그것을 옹호하든지 간에 — 스펙타클 전체의 한 부분을 구성한다. 스펙타클을 지역적으로 관찰하면 사회의 관리와 소통 방식에 있어 전체주의적 특화가 명백하게 나타나지만, 체계의 총체적인 기능의 관점에서 보면 이러한 특화는 스펙타클적 과업의 국제적 분업 속에 용해된다.

58

스펙타클적 과업의 분업은 기존 질서의 대부분을 보존하지만, 특히 발전이라는 중심축을 보존한다. 스펙타클은 과잉된 경제의 토양에 뿌리를 내린다. 바로 여기에서, 자립적이 되고자 하는 현지 스펙타클의 이데올로기적-치안적 보호주의 장벽에도 불구하고, 종국적으로 스펙타클적 시장을 지배하게 되는 성과가 발생한다.

59

통속화의 움직임이 스펙타클이 제공하는 다채로운 소일거리를 통해 전 세계적으로 현대사회를 지배하고 있다. 이 움직임은 발전된 상품 소비가 외양상 선택할 수 있는 역할들과 대상들을 증가시키고 있는 모든 지점을 지배한다. 종교와 가족제도 — 가족은 계급 권력의 주요한 유산 형태로 남아 있다 — 의 잔존물들, 그리고 자연스럽게 이 두 제도가 떠맡는 도덕적 억압의 잔존물들이 마치 동일한 것처럼 이 세계를 맘껏 즐기라고 장광설을 늘어놓으면서 서로 결합될 수 있다. 하지만 이 세계는 내부에 억압을 간직하고 있는 가장된 향유의 산물에 불과하다. 존재하는 모든 것에 몹시 행복해하는 찬동과 순전히 스펙타클적인 저항이 마치 동일한 것처럼 서로 결합될 수 있다. 이것은 불만 자체도 하나의 상품이 된다는 단순한 사실, 이를테면 경제적 과잉이 그러한 원료, 즉 불만을 가공할 수 있을 정도까지 생산 영역을 확대하는 능력을 갖추었음을 나타낸다.

60

가능한 어떤 역할의 이미지를 자신 속에 집약하고 있는 스타 — 살아 있는 인간의 스펙타클적 표상 — 는 이러한 진부성을 집약하고 있다. 스타의 조건은 **가상적 경험의 특화** — 깊이 없는 가상적 삶과 동일시되는 대상 — 이다. 스타는 사람들이 실제로 경험하는 생산적인 특화들의 분산을 보상해야 한다. 스타는 자유로이 **총체적으로** 자신을 표현하면서 다양한 형태의 삶의 양식과 사회의 이해 방식을 표상한다. 스타는 실현 불가능한 사회적 **노동**의 결과물을 구현한다. 그는 노동의 부산물 — 만인이 인정하는 하나의 과정의 시작과 끝인 **권력과 바캉스**, 즉 [구매] 결정과 소비 — 을 몸짓과 표정으로 연기한다. 노동의 부산물이 흡사 노동의 목표인 양 마법적으로 노동을 초월한다. 바로 여기에서 통치 권력이 가장된 스타로 인격화되며, 소비의 스타는 경험을 초월하여 군림하면서 가장된 권력으로서 압도적인 다수에 의해 신임을 받는다. 그러나 스타의 활동은 실제로 총체적이지 않으며 다양하지도 않다.

61

무대에 놓인 스펙타클의 대리인은 스타의 자격으로서 개인의 대립물, 다시 말해 자기 자신뿐만 아니라 모든 사람들에게 존재하는 개체성의 적이다. 이 대리인은 동일화의 모델로서 스펙타클 속에 투입되면서 자율적인 지위를 모두 포기하고 사태의 추이에 순종하는 일반법과 자신을 동일시한다. 외관상 여러 유형의 개성들을 표상하는 소비의 스타는 모두가 어떤 것이나 소비할 수 있는 대등한 권리를 가지고 있으며, 거기에서 똑같이 행복을 맛볼 수 있다고 연출한다. 결단력의 전범이 되는 스타는 인간의 장점들로 간주되는 모든 것을 완벽하게 갖추고 있어야 한다. 따라서 스타들 사이의 공식적인 차이는 공식적인 유사성 — 스타는 모든 것에 탁월하다는 전제 — 에 의해 무효화된다. 후르시초프는 쿠르스크 전투[1]를 마무리 짓기 위해 장군이 되는데, 이는 전투가 벌어진 현장이 아니라 자신이 국가 지도자가 된 지 20주년 기념일에 일어난 일이다.[2] 케네디는 자신의 추도사까지도 행한 웅변가로 알려져 있는데, 이는 고인의 개성을 뚜렷하게 부각시켰던 연설문을 작성했던 테드 소렌슨[3]이 케네디의 후임자를 위해 그 순간에도 동일한 수사를 동원해서 계속 연설문을 작성하고 있었기 때문이다. 체계는 경탄할 만한 인물들을 통해 구현된다. 그러나 이들의 실제 모습이 그렇지 않다는 것은 잘 알려진 사실이다. 모두가 알고 있는 것처럼, 이들은 최소한의 개인적 삶의 진실을 은폐하면서 위인[4]이 된다.

---

1. 독일군과 소련군 사이에 벌어진 쿠르스크 전투(1943년 7월 4일~1943년 8월 23일)는 제2차 세계대전의 운명을 바꾼 결정적인 전투 중 하나이다. 역사상 최대 규모의 기갑전이었던 이 전투에서 독일군 전력은 막대한 피해를 입게 되어 두 번 다시 공세로 전환하지 못하고 동부전선 전체가 무너지기 시작한다.
2. 후르시초프는 독소 전쟁 기간 동안 스탈린그라드에서 중장 대우의 정치위원으로 종군한다.
3. 테드 소렌슨(Theodore Chalkin Sorensen, 1928-2010)은 제35대 미국 대통령 존 케네디의 전반적인 자문을 맡은 특별 고문이었다.
4. 위인은 헤겔의 『역사 속의 이성』에 언급된 위인을 암시한다.

62

스펙타클적 과잉 속에서 행해지는 거짓된 선택은 양적 저속함에 대한 열렬한 집착을 겨냥하는 실체 없는 질을 위한 투쟁으로 전개된다. 이 거짓된 선택은 경쟁적이며 서로 연대하는 스펙타클들의 병치 속에서 그리고 배타적이면서 동시에 겹쳐져 있는 역할들 ― 주로 상품들이 의미를 부여하고 표상하는 ― 의 병치 속에서 행해진다. 그래서 소비를 기준으로 삼는 천박한 순위를 터무니없는 존재론적 우월함으로 미화시키는 해묵은 허위적 대립, 지역주의, 인종주의 등이 다시 복원된다. 이처럼 운동 경기에서 선거에 이르기까지 저속한 유희에 대한 관심을 집결시키는 가소로운 대결들이 끊임없이 재구성된다. 과잉 소비가 있는 곳에서는 젊은 세대와 성인 세대 사이의 스펙타클적 대립이 기만적인 역할들 중의 으뜸이 된다. 이것이 기만적인 것은 성인 ― 삶의 주인 ― 은 어느 곳에도 존재하지 않으며, 젊음 ― 존재하는 것의 변화 ― 은 현재 젊은 사람들의 특성이 결코 아닌, 경제체제의 특성 ― 자본주의의 역동성 ― 이기 때문이다. 지배하고 젊음을 유지하는 것은 바로 **사물들**[상품들]이다. 사물들이 서로 대결하면서 서로를 대체하는 것이다.

63

스펙타클적 대립 속에 은폐되어 있는 것은 **비참함의 단일성**이
다. 다양한 형태의 동일한 소외가 완전한 선택이라는 가면 아래
서로 싸우고 있다. 이는 스펙타클이 억압된 현실적인 모순 위에
서 구축되고 있기 때문이다. 스펙타클은 자신이 반박하고 유지
시키는 비참함의 특정한 단계의 필요성에 따라 **집약된** 형태 또
는 **분산된** 형태로 존재한다. 스펙타클은 두 경우 공히 불행의
확고한 중심에 있는 비탄과 공포로 둘러싸인[5] 행복한 통일의
이미지에 불과하다.

64

집약된 스펙타클은 본질적으로 관료주의적 자본주의에 귀속
한다. 그렇기는 하지만 이 스펙타클은 시대에 뒤떨어진 혼합 경
제체제를 통제하기 위해, 혹은 선진 자본주의의 특정한 위기 국
면에서 국가권력의 기술로서 도입되기도 한다. 관료주의적 소
유권은 개별 관료가 관료주의적 공동체의 일원으로서 오직 이
공동체의 매개를 통해서만 경제 일반과 소유 관계를 맺는다는

---

5. "불행의 확고한 중심에 있는 비탄과 공포로 둘러싸인"은 허먼 멜빌의 『모비
딕』에 언급된 문장을 전용한 것이다.

점에서 사실상 그 자체에 집약되어 있다. 게다가 발달이 더딘 상품의 생산도 마찬가지로 집약된 형태로 나타난다. 다시 말해 관료주의가 점유하고 있는 상품은 사회적 총 노동이다. 그래서 관료정치가 사회에 재판매하는 상품은 사회 전체의 생존이다. 관료주의적 경제의 독재 체제는 착취당하는 대중들에게 어떠한 선택의 여지도 부여하지 않는다. 이 독재 체제는 모든 선택 ― 그것이 음식물이든지, 또는 음악이든지 간에 ― 을 주관한다. 외부로부터의 선택은 이 독재 체제를 철저하게 파괴하기 때문이다. 따라서 지속적인 폭력이 이 독재 체제에 수반될 수밖에 없다. 이 독재 체제의 스펙타클 속의 강제된 선(善)의 이미지는 공식적으로 존재하는 모든 것을 담고 있으며, 이 체제의 전체주의적 통일성을 보장하는 단 한 사람에게 집약돼 있다. 각 개인은 마법에 사로잡혀 이 절대자와 동일시하거나, 혹은 자취를 감추어야 한다. 왜냐하면 이 절대자는 소비될 수 없는 지도자이자 공포에 의해 촉진된 원시적 축적, 즉 절대적 착취를 위해 하나의 그럴듯한 의미를 지닌 영웅적 이미지를 지닌 지도자이기 때문이다. 모든 중국인은 『모택동 어록』을 학습하고 모택동이 되어야 한다. 모택동 외에는 그 누구도 될 수 없다. 집약된 스펙타클이 지배하는 곳은 언제나 치안 체제가 동반된다.

65

분산된 스펙타클은 상품의 과잉, 중단 없이 발전하는 현대 자본주의를 수반한다. 여기에서 개별 상품은 상품 전체 ─ 각 상품을 위한 스펙타클은 해당 상품을 변호하는 목록이다 ─ 에 대한 생산 등급이라는 이름하에 정당화된다. 상충된 주장들이 과잉된 경제의 통일된 스펙타클의 무대를 추동한다. 다양한 히트 상품들이 동시적으로 사회 개발에 대한 모순된 기획을 옹호한다. 이를테면 자동차의 스펙타클은 옛 시가지를 허물 수밖에 없는 완벽한 교통망을 원한다고 하며, 시(市) 당국의 스펙타클은 박물관 거리가 필요하다고 역설한다. 따라서 모든 것의 소비에 주어진다는 충족 ─ 이 낱말도 벌써 논란의 여지가 있다 ─ 은 실제 소비자가 상품 행복의 몇몇 부분들 ─ 물론 이 부분들에는 매번 전체에게 제공된 질이 부재한다 ─ 만을 직접 접촉할 수 있다는 점에서 곧바로 거짓임이 드러난다.

66

각 상품은 다른 상품들을 인정하지 않으면서 자신을 위해 투쟁하며, 도처에서 자신만이 유일한 것이라고 주장한다. 이런 경우 스펙타클은 트로이의 함락으로도 결말날 수 없는 대결의 서

사시가 된다. 스펙타클은 병사와 무기가 아니라 상품과 그 열정을 노래한다. 각 상품은 바로 이러한 맹목적인 투쟁 속에서 자신의 열정을 좇으면서 보다 높은 그 무엇 — 상품의 세계 되기, 세계의 상품 되기[6] — 을 무의식 상태에서 실현한다.[7] 이처럼 **상품 이성의 간계**[8]에 의해 상품의 **특수성**은 투쟁 중에 와해되는 반면,[9] 상품 형태는 그 절대적 실현을 향해 나아간다.

67

과잉 상품의 사용이 더 이상 제공하지 않는 충족은 이제 상품의 자격으로서 [과잉 상품의] 가치의 인정 속에서 찾게 된다. 이를테면 **상품의 사용**[사용가치]은 그 자체로서 충분한 것이 되고, 소비자는 상품의 주권적 자유를 위해 종교적 열성을 쏟아붓는다. 각종 정보 수단이 떠받들고 선보이는 특정 상품을 위한 고조된 열광은 빠른 속도로 전파된다. 특정 스타일의 의상이 영화로부

---

6. 마르크스의 『데모크리토스와 에피쿠로스 자연철학의 차이』의 전용: "세계가 철학이 되고 동시에 철학이 세계가 된다."
7. 헤겔의 『역사 속의 이성』의 전용: "보다 고결하고, 보다 거대한 그 무엇을 위한 도구들과 방법들은 그것(그 무엇)을 알지 못한 채 그것을 무의식 상태에서 실현한다."
8. 역사는 '이성의 간계'에 의해 움직인다고 지적한 헤겔의 문장을 전용한 것이다.
9. 헤겔의 『역사 속의 이성』의 전용: "투쟁 중에 와해되고 부분적으로 파괴되는 것이 바로 특수성이다."

터 갑자기 등장하고, 잡지는 각종 신장비들을 세상에 선보이는 다양한 동호회들을 소개한다. 판촉물(*gadget*)은 대다수의 상품들이 착란상태로 빠져드는 순간에 이 착란 자체가 하나의 특수한 상품이 된다는 사실을 말해 주고 있다. 일례로 광고용 열쇠고리는 판매되는 것이 아니라, 보다 높은 가격에 판매된 물건에 수반되거나 또는 동일한 품목의 교환 시 주어지는 추가 증정품이다. 우리는 여기에서 상품의 초월성에 몸을 내맡기는 신비로운 발현을 식별할 수 있다. 수집용의 신형 열쇠고리들을 수집하는 사람은 **상품의 면죄부**, 이를테면 상품의 신도들 중에서 자신의 존재를 부각시켜 주는 영광스런 징표를 축적하는 사람이다. 물화(物化)된[10] 인간은 상품과의 친밀성을 나타내는 증거물을 과시한다. 고대 종교의 물신숭배에서 경련을 일으키는 사람들이나 또는 기적적으로 치유된 사람들의 격정처럼, 상품 물신주의는 광적인 흥분 상태에 이른다. 여기에서 여전히 표현되고 있는 유일한 사용[사용가치]은 복종이라는 기초적인 사용[사용가치]이다.

---

10. 물화(Réification, Verdinglichung)는 마르크스의 상품 물신주의와 관련된 개념이다. 루카치에 의해 대중화된 이 낱말은 상품생산에 입각한 자본주의 사회에서 모든 것이 매매의 대상이 되는 경향을 가리킨다. 물화는 인간의 노동력을 포함해서 인간과 인간의 관계조차도 상품화하고 물적인 상품으로서의 성격을 갖게 한다.

68

　물론 현대의 소비에 강제되는 가장된 필요는 사회와 이 사회의 역사가 만들지 않은 어떤 종류의 필요나 진정한 욕망에 반대할 수 없다. 그렇지만 과잉된 상품은 사회적 필요의 유기체적 발전에 대해 절대적 단절로서 존재한다. 과잉된 상품의 기계적 축적은 **무한한 인공성**을 방출한다. 살아 있는 욕망은 이것 앞에서 무장 해제된다. 독립적 인공성의 중첩된 위력은 도처에서 **사회생활의 왜곡**을 이끈다.

69

　소비를 통한 행복한 사회 통일의 이미지 속에서 실질적 분열은 다만 소비 가능성이 실현되지 않을 때까지 유예될 뿐이다. 각 상품은 궁극적으로 총 소비라는 약속의 땅에 이르는 섬광 같은 지름길에 대한 희망을 표상해야 한다. 그래서 각각의 상품은 온갖 격식과 함께 차례대로 결정적인 유일성으로 제시된다. 그러나 같은 세대의 모든 사람이 입는 고상한 명칭을 단 패션 의상이 순간적으로 보급되는 경우에서 알 수 있듯이, 사람들이 유일한 능력을 기대하는 물건은 바로 다량으로 소비될 목적으로 대량생산되기 때문에 대중의 숭배 대상으로 제시될 수 있

게 되는 것이다. 어떤 생산품의 매혹적인 성격은 생산의 합목적
성을 드러내는 신비처럼 사회생활의 중심부에서 한동안 자리를
차지하고 있었다는 사실로부터 온다. 하지만 스펙타클 속에서
매혹적이었던 생산물은 이 스펙타클의 소비자 ─ 동시에 다른
모든 소비자들 ─ 의 손에 들어오는 순간 곧바로 진부한 것이
되고 만다. 생산물은 자신의 본질적 빈곤성 ─ 이 빈곤성은 이
러한 생산물 생산의 무의미함에 기인한다 ─ 을 너무 뒤늦게 드
러낸다. 그러나 벌써 또 다른 생산물이 체계의 정당화를 이끌어
가며, 그렇게 인정받기를 강력히 요구한다.

70

기만적 충족은 생산물의 변화와 생산의 일반적인 조건의 변
화에 따라 스스로를 대체하면서 자신을 부정해야 한다. 아주
경솔하게 최고라고 주장됐던 것이 분산된 스펙타클과 집약된
스펙타클 속에서 공히 교체된다. 계속돼야 하는 것은 오직 체계
뿐이다. 스탈린은 마치 유행에 뒤진 상품처럼 자신을 전면에 내
세웠던 사람들에 의해 부정된다. 광고에서 행해지는 매번의 새
로운 기만은 앞서 행해졌던 기만에 대한 **자백**이기도 하다. 전체
주의적 권력을 상징하는 인물이 몰락할 때마다 이 인물을 만장
일치로 승인했던 **가공의 공동체**가 드러난다. 이 공동체는 아무
런 환상도 품지 않은 고독한 인간들의 집합체에 불과했다.

71

스펙타클이 항구적인 것으로 제시하는 것은 변화에 근거를 두고 있으며, 그것은 그[스펙타클] 토대와 함께 변화하지 않을 수 없다. 스펙타클은 전적으로 독단적이지만, 실제로는 어떤 견고한 교조도 가질 수 없다. 스펙타클을 위해 그대로 멈춰 서 있는 것은 아무것도 없다. 이러한 상태는 스펙타클에게는 당연한 것이나, 그[스펙타클] 성향에 완전히 반하는 것이다.

72

스펙타클이 천명하는 비현실적인 단일성은 계급의 분할을 은폐하고 있다. 자본주의적 생산양식의 현실적 단일성은 이 은폐에 의존하고 있다. 생산자들은 세계의 건설에 참여하도록 강제된다. 하지만 이것은 이들을 이 건설에서 배제시키는 것이다. 지역과 국가의 제약에서 해방된 사람을 관계 맺어 준 것이 이들 사이를 멀어지게 만든다. 더 심화된 합리성의 강제는 계급적 착취와 억압이라는 비합리성을 강화시킨다. 사회의 추상적인 권력을 발생시킨 것이 사회의 실질적인 **비자유**를 가져온다.

IV. 주체와 표상으로서의 프롤레타리아*

"우리가 사태의 핵심을 파고들면, 1871년 3월 18일의 봉기[파리코뮌]
와 이 봉기에 무장을 갖추게 한 가공할 만한 연합 자치권 선언서의
근거는 이 세계의 재화와 향유에 대한 만인의 평등한 권리, 모든 권위
의 파괴, 모든 도덕적 규제의 부정이었다."

— 「3월 18일 봉기에 대한 의회 조사 보고서」

---

* 쇼펜하우어의 『의지와 표상으로서의 세계』의 전용

73

현실적 운동이 기존의 조건을 제거하고 있다. 이 운동은 경제에 대한 부르주아지의 승리에 기초하고 있으며, 그리고 이 승리를 정치적으로 적용한 이래로 명백하게 사회를 통치하고 있다. 생산력의 발전은 낡은 생산관계를 해체하며, 정체된 모든 질서는 소멸되고 있다. 절대적이었던 모든 것이 역사적인 것이 된다.

74

인간은 역사를 구성하는 노동과 투쟁의 참여를 통해 역사 속에 몸을 내던지면서 자신과 역사의 관계를 각성된 방식으로 성찰할 수밖에 없는 상황에 처해 있다.[1] 역사시대 최후의 무의식적인 형이상학적 관점은 생산력의 발전 — 역사는 이것을 통해 전개된다 — 을 역사의 목적으로 간주하지만, 역사는 자신의

---

1. 마르크스와 엥겔스의 『공산당 선언』의 전용: "인간은 자신의 실존 조건과 인간들 간의 관계에 대해 각성된 눈으로 성찰할 수밖에 없는 상황에 처해 있다."

실현에 대해 뚜렷한 목적을 갖고 있지 않다. 역사의 **주체**는 자기 자신을 생산하는 살아 있는 인간일 수밖에 없다. 이 주체는 자신의 임무를 자각하는 존재로서 세계 — 역사 — 의 주인이자 소유자가 된다.[2]

75

부르주아지의 지위 상승에 의해 시작된 오랜 **혁명** 시대의 계급투쟁과 역사의 사유 — 변증법 — 가 마치 동일한 흐름처럼 전개된다. 변증법은 현존재의 의미를 찾는 데 그치지 않고 존재하는 모든 것의 와해에 대한 인식까지 성찰을 끌어올린다. 모든 분리는 이 운동에 의해 와해된다.

76

헤겔은 세계가 아니라, 세계의 변형을 해석해야 했다.[3] 그는

---

2. 데카르트의 『방법서설』 암시: "인간은 자연의 주인이자 소유자이다."
3. 마르크스의 『포이어바흐에 관한 테제』의 전용: "철학자들은 세계를 단지 여러 방식으로 해석해 왔을 뿐이다. 그러나 중요한 것은 세계를 변혁시키는 것이다."

단지 변형만을 해석하면서 철학을 철학적으로 완성할 뿐이다. 그는 **스스로 형성되는** 하나의 세계를 이해하고자 한다. 이러한 역사적 사유는 항상 너무 뒤늦게 당도하는 의식, 사후의 정당화를 진술하는 의식일 뿐이다. 그렇기 때문에 그의 역사적 사유는 오직 **관념** 속에서만 분리를 지양한다.[4] 모든 현실의 의미를 그 역사적 완성과 결부시키려 하고, 그리고 동시에 그 자체로 역사의 완성을 이루는 그 의미를 밝히고자 하는 것은 모순이다. 이 모순은 17, 18세기의 부르주아 혁명 사상가들이 자신들의 사상 체계에서 오로지 혁명의 결과와의 **화해**만 찾았다는 단순한 사실에서 기인한다. "헤겔의 철학은 부르주아 혁명의 철학임에도 불구하고 혁명의 전 과정이 아닌 단지 그것의 마지막 결론만을 진술하고 있다. 그런 의미에서 그의 철학은 혁명의 철학이 아니라 왕정복고의 철학이다"(카를 코르쉬,[5] 『헤겔과 혁명에 관한 테제』). 헤겔은 [역사상] 마지막으로 철학자의 연구 — "존재하는 것의 예찬"에 대한 연구 — 를 수행한다. 하지만 존재하는 것은 여전히 그에게 역사적 운동의 총체일 수밖에 없다. 사유의 **외화적** 입장이 사실상 견지되고 있기 때문에, 이 입장은 절대정신의 선결적인 기투(企投)[6]와의 동일화에 의해서만 은폐될

---

4. 헤겔의 『법철학』, 「서문」 암시.

5. 카를 코르쉬(Karl Korsch, 1886-1961)는 독일의 사상가이자 정치가이다. 그는 전후 독일에서의 생산의 사회화와 그것을 위한 새로운 인간의 완성을 위한 활발한 정치 활동으로 각광을 받았으며, 그의 『마르크스주의와 철학』은 마르크스주의의 실천적·철학적 기초를 해명함으로써 루카치의 『역사와 계급의식』과 함께 서유럽 마르크스주의의 기념비적 저작이 된다.

6. 기투는 실존철학에서 현실에 내던져져 있는 인간이 능동적으로 미래를 향해 스스로를 내맡기는 것을 의미한다.

수 있다. 절대정신은 자신이 원하는 것을 수행하고 자신이 수행하는 것을 원하며, 그리고 그 실현이 현재와 일치하는 설대적 영웅이다.[7] 이처럼 역사의 사유 속에서 소멸하는 철학은 세계의 부정을 통해 세계를 찬양할 수밖에 없는 상황에 놓이게 된다. 왜냐하면 철학이 발언권을 획득하려면 자신이 모든 것을 복원시킨 총체적 역사가 이미 종말을 고했다고 전제해야 하기 때문이다. 철학은 진리의 판결을 내릴 수 있는 유일한 법정의 폐회를 선언한다.[8]

77

프롤레타리아는 이러한 역사의 사유가 망각되지 않았음을 행동하는 삶을 통해 표명한다.[9] 이때 **결론**의 반박은 동시에 방법의 확언이기도 하다.[10]

---

7. 헤겔의 『엔치클로페디아』의 전용: "위인들은 자신들이 행한 것을 원했으며 자신들이 원한 것을 행했다."
8. 헤겔의 『법철학 강요』 암시: "세계의 역사는 세계의 법정이다."
9. 헤겔의 『철학사 강의』 암시: "정신은 많은 경우에 망각되며 길을 잃은 듯하다."
10. 부르주아 혁명의 결론에 대한 반박과 프롤레타리아의 해방을 위한 변증법적 방법을 강조하고 있는 듯하다.

78

역사의 사유는 실천적 사유가 될 때에만 지켜질 수 있다. 혁명 계급으로서 프롤레타리아의 실천은 자기 세계의 총체에서 작동되는 역사의식과 다르지 않다. 혁명적 노동운동의 모든 이론적 사조들은 마르크스, 슈티르너와 바쿠닌의 사상에서 알 수 있듯이 헤겔 사상과의 비판적 대결에서 탄생한다.

79

마르크스의 이론과 헤겔적인 방법 사이의 불가분적 특징 자체는 마르크스의 이론에 내재된 혁명적 특징, 즉 그 진리성과 불가분의 관계에 있다. 이 양자의 관계는 대체로 무시되었거나 또는 잘못 이해되어 왔으며, 심지어는 왜곡되어 마르크스주의 학설이 되었던 것의 결점이라고 비난받아 왔다. 베른슈타인[11]은 『이론적 사회주의와 실천적 사회민주주의』에서 독일에서의 프롤레타리

---

11. 베른슈타인(Eduard Bernstein, 1850-1932)은 독일 수정주의의 대표적 이론가이다. 그는 엥겔스 사후(1895)에 마르크스의 혁명적 학설을 공공연하게 부정하기 시작했으며, 『사회주의의 전제와 사민당의 과제』(1899)에서 그것을 체계화했다. 그는 자본주의 사회의 급속한 전면적 붕괴가 가능하지 않다고 진단했고, 노동계급, 농민과 중산계급을 위한 민주주의적인 개혁, 공공단체의 사회정책, 협동조합 운영 등을 통한 개혁을 역설했다.

아 혁명의 임박성에 대한 1847년의 『공산당 선언』[12]의 비과학적 예측들을 개탄하면서 변증법적 방법과 역사적 참여의 관계를 완벽하게 드러내고 있다: "마르크스 저작 속의 이러한 역사적 자기 암시 — 이 암시에는 너무나 많은 오류가 있어 어떠한 정치 예언가도 달리 해석할 방도가 없을 것 같다 — 는 경제학 — 마르크스는 이 시기에 이미 경제학을 심층적으로 연구하고 있었다 — 을 헤겔의 반테제적 변증법의 유산으로 여기지 않는다면 이해될 수 없을 것이다. 마르크스는 엥겔스와 마찬가지로 이러한 변증법과 결코 완전히 결별할 수 없었다. 그것은 모든 것이 요동쳤던 당시의 환경에서 그에게 그만큼 더 치명적이었다."

80

마르크스가 부르주아 혁명 사상의 "전이에 의한 구원"[13]을 위해 실행하는 전도는 시간 속에서 자신과 조우하는 헤겔적인 절대정신의 여정 — 절대정신의 대상화는 소외와 다르지 않고 그것의 역사적 상처는 흉터를 남기지 않는다[14] — 을 단지 생산력의 유물론적 발전으로 대체하는 소극적인 것이 아니다. 현실이

---

12. 『공산당 선언』은 1848년에 발표되었다. 드보르의 착오인 듯하다.
13. 카를 코르쉬 저작의 인용
14. 헤겔의 『정신현상학』의 전용: "절대정신의 상처는 흉터를 남기지 않고 치료된다."

된 역사에 **목적**이 있을 수 없다. 마르크스는 생성되는 것에 관한 헤겔의 **분리된** 입장과 최고의 외적 동인 ― 그것이 무엇이든지 간에 ― 의 **관조**를 파괴한다. 이론은 이제 자신이 행하는 것만을 인식하면 된다. 이것은 오늘날 사회의 지배적인 사유 속에서 행해지고 있는 경제 운동의 관조와 상반된다. 이 지배적인 사유는 순환 체계에 대한 헤겔의 시도에 내재된 **비변증법적** 부분의 **전도되지 않은** 유산이다. 이 사유는 개념의 측면을 상실하면서 자신의 정당화를 위해 더 이상 헤겔주의를 필요로 하지 않는 찬양이 된다. 왜냐하면 찬양하는 운동은 세계의 사유가 부재한 한 분야에 불과하기 때문이다. 이 분야의 기계적인 발전이 실질적으로 전체를 지배하고 있다. 마르크스의 기획은 자각된 역사의 기획이다. 오로지 경제적일 뿐인 생산력의 맹목적인 발전 속에서 발생하는 양(量)은 질적인 역사적 전유로 바뀌어야 한다. 정치경제학의 비판은 전(前)역사시대 종말의 제1막이다. "모든 생산도구들 중에서 가장 큰 생산 역량을 지니고 있는 것이 바로 혁명 계급이다."[15]

81

마르크스 이론을 과학적 사유와 긴밀하게 묶어 주는 것은 사

---

15. 마르크스의 『철학의 빈곤』의 인용.

회에서 실제로 활동하고 있는 세력들에 대한 합리적 이해이다. 그러나 마르크스 이론은 근본적으로 과학적 사유를 초월한다. 과학적 사유는 지양을 통해서만 보존된다. 중요한 것은 결코 법칙이 아니라 투쟁에 대한 이해이다. 『독일 이데올로기』는 "우리는 단 하나의 과학, 즉 역사학만을 알고 있다"라고 단언한다.

82

역사학을 과학적으로 기초하고자 하는 부르주아 시대는 이 가변적인 과학이 오히려 경제에 입각하여 역사적으로 기초돼야 한다는 사실을 경시한다. 역사학은 역사가 경제적 역사로 존속한다는 인식에 철저하게 의존하고 있다. 역사의 몫이 과학적 관찰이라는 관점 아래 경제 — 자신의 과학적인 기초 데이터를 변경하는 포괄적 집계 과정 — 속에서 얼마나 경시되고 있는가? 바로 이것을 공황의 정확한 주기성을 확립한다고 거드름 피우는 사회주의적 예측이 보여 주고 있다. 사람들은 동일한 종류의 추론에 따라, 국가의 지속적인 개입으로 인해 공황으로 치닫는 현상들이 지체되고 있는 동안, 이러한 균형 속에 결정적인 경제적 조화가 있다고 주장한다. 경제를 지양하는 기획, 즉 역사를 점유하는 기획은 사회과학에 정통해야 하고 그리고 이 사회과학을 자신의 편으로 가져와야 하는 것이 사실이지만, 그 자체로는 결코 과학적일 수 없다. 과학적 인식에 의해 현재의 역사를 지배할 수 있다고 믿는 이 최후의 운동에 존재하는 혁명적 관점은 여전히 **부르주아적이다.**

83

사회주의의 공상적 사조들 ─ 물론 이 사조들은 역사적으로 기존 사회조직에 대한 비판에 그 기반을 두고 있다 ─ 은 과학이 아니라 역사 ─ 현재 진행 중인 실제 투쟁뿐만 아니라 이 사조들이 내세우는 행복한 사회의 이미지에 내재된 확고부동한 완벽성을 뛰어넘는 시간의 운동 ─ 를 거부하고 있다는 점에서 공상적이라고 간주될 수 있다. 이와 반대로 공상적 사상가들은 앞선 세기에서 그랬던 것처럼 과학 사상에 의해 전적으로 지배받고 있다. 이 사상가들은 이러한 보편적인 합리적 체계의 완성을 추구한다. 이들은 자신들이 무장 해제된 예언자[16]라고는 결코 생각하지 않는다. 이들은 과학적 논증에 입각한 사회 권력이 존재한다고 믿으며, 생시몽주의의 경우에는 과학에 의한 권력 장악까지도 확신한다. 좀바르트[17]는 "어떻게 이들이 입증되어

---

16. 마키아벨리가 지롤라모 사보나롤라(Girolamo Savonarola, 1452–1498)를 지칭하며 사용한 낱말.
17. 좀바르트(Werner Sombart, 1863–1941)는 독일의 경제학자이자 사회학자로 이론과 역사의 종합을 시도하여 '경제체제'의 개념을 확립하는 등, 경제사회의 전체적 파악을 위하여 노력하였다. 『근대자본주의』는 그의 대표적인 저서이다.

야 하는 것을 투쟁을 통해 얻어낼 수 있다고 생각하겠는가?"라고 묻는다. 공상적 사상가들의 과학관은 사회집단들이 어떤 실재하는 상황에 대해 이해관계를 가지고 있다는 사실, 그리고 이상황을 유지하려는 세력들의 존재와 그러한 입장과 일치하는 온갖 형태의 허위의식들[18]에까지 인식의 범위가 확대되지 못한다. 따라서 이 과학관은 과학의 발전이라는 역사적 현실에 비해아주 뒤처져 있다. 과학의 발전은 역사적 현실에서 파생되는 사회적 요구에 의해 방향 지어진다. 사회적 요구는 용인된 것뿐만아니라 연구될 수 있는 것을 선별한다. 공상적 사회주의자들은여전히 과학적 진리의 진술 방법의 포로들이다. 이들은 사회의초기 단계에서 강제됐던 진리의 추상적 순수 이미지에 의해 진리를 파악한다. 소렐[19]이 말하는 것처럼, 공상적 사상가들은 바로 **천문학** 모델에 의거해서 사회의 법칙을 **발견**하고 그것을 입증할 수 있다고 생각한다. 이들이 겨냥하는 조화 ― 역사에 적대적인 ― 는 가장 적게 역사에 의존하는 과학을 사회에 적용하려는 시도에서 유래한다. 이 조화는 뉴턴의 이론에서처럼 실험으로 입증되는 순수함으로 인정되길 바라며, 이들의 사회과

18. 마르크스와 엥겔스는 『독일 이데올로기』에서 현실을 제대로 인식하지 못하고 있는 독일 관념론 철학을 비판하기 위해서 '허위의식'이라는 의미로 '이데올로기' 개념을 사용하고 있다. 이처럼 허위의식은 인간의 역사를 왜곡시키고 있는 의식이나 사상, 또는 역사를 추상적으로 파악하고 있는 의식이나 사상을 가리킨다. 전자의 의미로 볼 때, 이데올로기는 일종의 허위의식을 의미한다. 즉, 역사나 현실에 대한 왜곡된 의식, 거짓된 의식, 허구적인 의식을 가리킨다.
19. 소렐(Georges Sorel, 1847-1922)은 프랑스의 사회사상가이다. 그는 생디칼리슴 운동의 이론을 구축했으며, 반민주주의 · 반의회주의 사상가로서 의회부패에 대하여 맹렬하게 비판했다.

학에서 계속 전제되고 있는 행복한 운명은 "역학 이론에서 관성이 차지하는 역할과 유사한 역할을 수행하고 있다"(『프롤레타리아트 이론의 요소들』).

84

마르크스 사상의 결정론적-과학적 측면은 [시간적] 간극이다. "이데올로기화" 과정이 이 간극을 통해 마르크스의 생전에 노동운동에 남겨진 이론적 유산 속에 침투한다. 역사적 주체의 등장은 계속 뒤로 밀쳐지고 있으며, 대표적인 역사적 과학, 즉 경제학이 미래에 일어날 [경제의] 부정의 필연성을 점점 더 폭넓게 보장하는 경향을 보이고 있다. 그러나 그렇게 유보됨으로써 부정의 유일한 진리인 혁명적 실천이 이론적 전망의 영역 밖으로 밀려난다. 그렇기 때문에 인내심을 갖고 경제적 발전을 연구하면서 그 결과가 "선한 의도들의 묘지"로 남아 있도록 헤겔적 냉정함으로 고통을 수용하는 것이 중요하다. 우리는 혁명 과학 덕분에 의식은 언제나 너무 빨리 당도하며,[20] 의식은 교육되어야 함을 알게 되었다. 1895년에 엥겔스는 다음과 같이 진술한다: "역사는 우리와 우리처럼 생각했던 모든 사람들이 오류를 범했음을 일깨워 준다. 역사는 당시 대륙의 경제 발전 상태가 전혀

---

20. 헤겔의 『법철학』, 「서문」의 전용: "철학은 언제나 늦게 온다."

성숙되지 않았음을 명확하게 보여 준다." 마르크스는 평생 동안 자신의 이론에서 단일한 관점을 유지하지만, 이 이론의 **발표** [서술]는 특정 학문의 비판 형태 — 부르주아 사회의 기초과학인 정치경제학의 비판 형태 — 로 명확해지면서 지배 사상의 현장을 목표로 한다. 바로 이렇게 생략된 텍스트가, 훗날 최종적인 것으로 수용되는, "마르크스주의"를 구성한다.

85

마르크스 이론의 결함은 당연히 그가 살았던 시대에 프롤레타리아의 혁명적 투쟁의 결함과 관계 있다. 노동계급은 '1848년의 독일혁명'[21] 발발 시에 영구 혁명을 공표하지 못했으며, '파리코뮌' 또한 고립 속에서 패배했다. 결과적으로 혁명 이론은 그때까지 완성되지 못한다. 마르크스는 대영박물관에 고립되어 혁명 이론을 옹호하고 그것을 명확히 밝히려는 학문 작업에만 몰두하지만, 그것은 혁명 이론의 손실이라는 결과를 초래한다. 그가 노동자계급의 미래의 발전에 대해 도출한 과학적 정당화와 그것과 결합된 조직적 실천은 더 진화된 단계에서 프롤레타리아 의식에 장애물이 된다.

---

21. 독일혁명은 1848년 혁명의 일부로 1848년부터 1849년에 걸쳐 독일 전 지역에서 벌어진 혁명적 움직임들과 관련된 역사적 사건들을 총칭하는 표현이다.

86

프롤레타리아 혁명의 과학적 정당성에 관한 일체의 이론적 불충분성 — 내용과 발표 형식에 있어 — 은 **혁명적 권력 장악**의 관점에서 프롤레타리아트를 부르주아지와 동일시한 것에 있다.

87

과거의 **반복된** 실험들의 도표를 작성하면서 프롤레타리아 권력의 과학적 정당성을 입증하는 기초를 세우려는 마르크스의 이론적 경향은 모호해진다. 그의 역사적 사유는 이미 『공산당 선언』에서부터 생산양식 발전의 **선형적** 도식을 옹호하고 있다. 계급투쟁에 의해 야기되는 생산양식의 발전은 매번 "전체 사회의 혁명적 변혁이나 혹은 투쟁 중인 계급들의 공동 파멸"[22]이라는 결과를 초래할 것이다. 그러나 마르크스가 다른 저서에서 지적하고 있는 "아시아적 생산양식"과 마찬가지로 역사에서 관찰되는 현실은 계급들 간의 수많은 대결에도 불구하고 부동의 요소를 간직하고 있다. 농노들의 봉기들은 제후들을 극복하지 못했으며, 또한 로마제국의 노예 반란도 자유민을 이기지 못했다.

---

22. 마르크스와 엥겔스의 『공산당 선언』의 인용.

선형적 도식은 무엇보다 **부르주아지가 결코 패배한 적이 없는 유일한 혁명적 계급**이라는 사실을 인식하지 못하고 있다. 또한 이와 동시에 이 도식은 부르주아지가 경제 발전이 그들의 사회 지배의 원인이자 결과였던 유일한 계급임을 간과하고 있다. 마르크스는 같은 종류의 단순화로 인해 계급사회의 관리에 있어 국가의 경제적 역할을 소홀히 취급하고 있다. 영향력이 증대하는 부르주아지가 일견 국가로부터 경세를 자유롭게 한 것처럼 보였던 것은 고대 국가가 **침체된** 경제 국면에서 계급 억압의 도구로서 기능했기 때문이다. 부르주아지는 국가가 약화되는 중세 시대, 즉 균형을 이루고 있던 봉건적 권력들이 여럿으로 분할되는 시기에 자신들의 독자적인 경제적 역량을 발전시킨다. 중상주의를 통해 부르주아지의 발전을 지원하기 시작했던 근대 국가는 종국에는 "자유방임, 자유 통관"의 시대에 이르러 **부르주아지의 국가**가 된다. 근대 국가는 장차 경제 과정을 예측하는 관리를 통해 핵심적인 지배력을 갖추게 된다. 그렇기는 하지만, 마르크스는 나폴레옹의 정책에 대한 연구에서 근대 국가의 관료주의에 관한 초안, 즉 자본과 국가의 융합, "노동 위에 군림하는 자본의 국가권력, 사회적 노예화를 목적으로 조직된 공권력"의 구조를 잘 지적하고 있다. 부르주아지는 사물의 경제사로 환원되지 않는 모든 역사적 삶을 부인하며, 그리하여 "다른 계급과 마찬가지로 정치적 죽음"을 선고받고자 한다. 여기에서 이미 역사적 삶을 유일하게 요구하는 사람으로서 프롤레타리아를 부정적으로 규정하는 현대적 스펙타클의 사회정치적인 기초가 세워진다.

88

마르크스 이론과 실질적으로 일치하는 오직 두 계급인 부르주아지와 프롤레타리아트 ―『자본』의 모든 분석은 이 두 계급에 초점이 맞춰져 있다 ― 는 역사의 유일한 두 혁명 계급이다. 그러나 혁명의 조건은 동일하지 않다. 부르주아 혁명은 완료됐다. 프롤레타리아 혁명은 앞선 혁명의 토대에서 탄생하지만 그것과는 질적으로 다른 하나의 기획이다. 부르주아지의 역사적 역할의 **독창성**을 등한시하는 것은 노동자의 기획에 내재된 실질적인 독창성을 은폐하는 것과 진배없다. 이 기획은 고유의 깃발을 들면서 "임무의 막대함"을 인식할 때에만 달성될 수 있다. 부르주아지는 발전하는 경제의 계급이었기 때문에 권력을 거머쥘 수 있었다. 프롤레타리아는 **자각의 계급**이 되지 않고서는 권력에 도달할 수 없다. 생산력의 성숙, 그리고 이 성숙이 야기하는 [소유권] 박탈의 확대라는 우회적인 수단조차도 그러한 권력을 보장할 수 없다. 자코뱅파식의 급진적 방법에 의한 권력 장악은 프롤레타리아의 방법이 될 수 없다. 어떠한 **이데올로기**도 프롤레타리아가 그들의 부분적 목표를 보편적 목표로 위장하는 데 도움이 되지 않는다. 왜냐하면 프롤레타리아는 확실하게 자신에게 귀속되는 어떠한 부분적 현실도 간직하고 있지 않기 때문이다.

89

마르크스는 자신이 프롤레타리아 투쟁에 참여한 특정 시기에
과학적 예측에 너무 많은 것을 기대한 나머지 경제주의[23]의 환
상에 대한 이론적 토대를 구축하기까지 한다. 물론 그가 개인
적으로 그러한 환상에 굴복했다는 것은 아니다. 그는 한 논문
─ 마르크스는 이 논문에서 자신의『자본』을 비판하고 있는데,
엥겔스는 그것을 그의 반대자가 쓴 것처럼 위장하여 언론에 공
표하려고 했었다 ─ 을 동봉하고 있는 잘 알려진 한 통의 서신
(1867년 12월 7일)에서 자신의 과학이 지닌 한계를 분명히 밝힌
다: "…(어쩌면 저자의 정치적 입장과 과거가 강제했을) 그의 **주관적
경향**, 다시 말해 그가 상상하는 방식과 현재의 운동, 즉 현재의
사회적 과정의 최종적 결과를 사람들에게 제시하는 방식은 그
의 실제 분석과 어떠한 관계도 없다." 마르크스는 이처럼 자신
의 객관적 분석의 "경향적인 결론"을 규탄하면서, 동시에 자신
에게 강제됐던 과학 외적인 선택과 관련된 "어쩌면"이라는 낱
말이 함의하고 있는 반어법을 통해 이 두 가지 측면을 결합하
고 있는 방법론적 열쇠를 보여 주고 있다.

---

23. 노동운동에서 경제투쟁만을 중시하고 정치투쟁은 부정하거나 부차적인
것으로 간주하는 사상.

90

인식과 행동의 결합은 역사적 투쟁 속에서 실현돼야 한다. 그 결과, 이 두 용어가 서로의 진리성을 보장하게 된다. 주체로서의 프롤레타리아 계급의 결성은 **혁명** 시기에 혁명 투쟁의 조직과 사회의 조직을 의미한다. 여기에 **자각의 실천적인 조건**이 있어야 한다. 실천 이론은 이 조건 속에서 현실적인 이론이 되면서 입증된다.[24] 그렇지만 조직이라는 핵심적 문제는 당시의 혁명 이론에서 가장 적게 고려된 문제였다. 이 시기는 노동운동의 토대가 마련됐던 시기, 이를테면 혁명 이론이 여전히 역사의 사유에서 파생한 **단일한** 특징 — 혁명 이론은 당연히 하나의 단일한 역사적 **실천**을 자신의 임무로 삼았다 — 을 지니고 있었던 시기이다. 조직의 문제는 사실 혁명 이론에 있어 **모순된** 논거이다. 왜냐하면 이 이론이 부르주아 혁명에서 차용된 국가 관리적이며 계급적인 적용 방법의 재개를 인정하고 있기 때문이다. 이러한 이론의 포기에 입각하여 발전하는 노동운동의 조직 형태들은 또다시 이 이론을 여럿으로 특화하고 부분적인 분야로 세분화하면서 단일한 이론이 유지되는 것을 금하기 위해 부단히 노력한다. 이론은 단일한 역사관의 배신 때문에 이데올로기적으로 소외되며, 더 이상 이러한 역사적 사유에 대한 실천적 검증 — 일례로 노동자들의 자발적인 투쟁에서 이러한 검증이 돌

---

24. 루카치의 『역사와 계급의식』의 전용.

발적으로 발생하는 경우 — 을 하지 못한다. 이론이 할 수 있는 것은 오직 그러한 검증의 표명과 기억을 억압하는 것이다. 그럼에도 불구하고 투쟁 속에 등장하는 역사적 [조직] 형태들은 이론이 진실이기 위해 필요했던 바로 그 실천적 환경이다. 이 형태들은 아직까지 이론적으로 정립되지 못한 이론의 요건들이다. 노동평의회(Soviet)는 이론의 발견이 아니었다. '인터내셔널'(국제노동자협회)에 내재된 최고의 이론적 진실은 이 협회가 실천하는 존속 방식에 있었다.

91

인터내셔널의 투쟁이 거둔 최초의 성공은 그 내부에 존속돼 왔던 지배 이데올로기의 혼잡한 영향으로부터 인터내셔널을 해방시킨다. 그러나 인터내셔널이 곧바로 겪게 되는 패배와 탄압은 프롤레타리아 혁명에 관한 두 가지 이해 방식 간에 펼쳐지는 갈등을 전면에 노출시킨다. 이 두 가지 이해 방식이 공히 지니고 있는 **강압적인** 측면 때문에 프롤레타리아의 자각적인 자기해방이라는 쟁점이 포기된다. 확실히 마르크스주의자들과 바쿠닌주의자들 간의 논쟁은 화해할 수 없는 지점에까지 이른다. 논쟁은 혁명적 사회 속의 권력과 현재의 운동 조직이라는 두 쟁점을 둘러싸고 벌어지는데, 양측은 쟁점들을 하나하나 검토하면서 자신들의 입장을 뒤집는다. 바쿠닌은 국가권력의 강압적 행사에 의한 계급의 폐지라는 환상에 반대한다. 그는 그것이 지배 관료 계급의 복원과 최고 지식인들 혹은 그렇다고 자임하는 사람들의 독재를 초래할 것이라고 예견한다. 반면에 마르크스는 경제적인 모순과 노동자들의 민주적인 교육에 필연적인 성숙이 객관적으로 강제되는 프롤레타리아 국가의 역할을 새로운 사회관계를 합법화하는 단순한 국면으로 축소시킬 것이라고 생각한다. 그는 바쿠닌과 그의 추종자들의 견해를 결탁한 엘리트들의 권위주의라고 규탄한다. 마르크스는 이 결탁한 엘리트들이 고의로 인터내셔널 위에 자리를 잡으면서, 가장 혁명적인 사람들 혹은 그렇다고 자임하는 사람들의 독재를 사회에 강제하려는 괴상한 구상을 하고 있다고 생각한다. 바쿠닌은 사실 그러한 생각으로 추종자들을 끌어모은다: "인민의 소용돌이 속에 있는 보이지 않는 안내자들로서 우리는 과시적인 권력이 아닌 모든 **지지자들**에 의한 집단적 독재를 통해 인민을 이끌어야 한다. 어깨띠도 매지 않고 직함이나 공식적 당위성도 없는 이 독재는 권력의 흔적을 전혀 찾아볼 수 없기 때문에 더욱 강력할 것이다." 이처럼 노동자 혁명에 관한 두 가지 **이데올로기**는 서로 대립한다. 양자는 서로에 대해 부분적으로 정당한 비판을 하고 있는 것은 사실이지만 역사의 사유의 단일성을 상실하면서 이데올로기적 권력으로 제도화된다. 독일 '사회민주당'과 '이베리아 무정부주의자 연맹'과 같은 강력한 조직들은 하나의 이데올로기 편에 서서 충성스럽게 봉사하나, 공히 당초 기대한 것과는 아주 동떨어진 결과를 얻고 만다.

92

실제 무정부주의적 투쟁의 중요성과 약점 — 개별적으로 다
양하게 분화되는 무정부주의의 주장들이 터무니없기 때문이다
— 은 프롤레타리아 혁명의 목표를 **당장 임박한** 것으로 간주한
다는 사실에 있다. 집단주의적 무정부주의는 근대 계급투쟁의
역사적 과정에서 오직 결론만을 받아들인다. 결론에 대한 단호
한 요구는 방법에 대한 확고한 멸시로 표출된다. 그렇기 때문에
정치투쟁에 대한 집단주의적 무정부주의의 비판은 계속 추상적
으로 머물고 있으며, 다른 한편으로 경제적 투쟁에 대한 이들의
선택은 오직 총파업이나 봉기의 날에 경제 현장에서 단번에 획
득하는 최종 타개라는 환상에 의해서만 주장될 수 있다. 무정
부주의자들은 하나의 이상을 실현해야 한다.[25] 무정부주의는 여
전히 이데올로기적인 국가와 계급의 부정, 이를테면 분리된 이
데올로기에 의한 사회적 조건 자체에 대한 부정이다. 모든 것을
평등하게 하고 역사적 해악에 대한 모든 관념을 배제하는 것이
바로 순수한 자유의 이데올로기이다. 무정부주의는 모든 부분적
요구들을 한데 결합하는 관점 덕분에 특권적인 비판적 특화가
아닌, 삶 전반을 위해 기존 조건들의 거부를 표현하고 있다는
이점을 갖게 된다. 그러나 이러한 결합은 그 현실적 실현에 앞
서 개인적 변덕에 따라 절대 속에서 고려된 것이다. 그렇기 때

---

25. 마르크스의 『프랑스 내전』의 전용: "노동계급은 하나의 이상을 실현해야
한다."

문에 무정부주의는 너무 쉽게 확인할 수 있는 논리적 모순에 빠진다. 무정부주의는 매번의 투쟁마다 단순하기 짝이 없는 똑같은 총체적 결론을 반복하고, 그것을 다시 내걸 수밖에 없다. 그 까닭은 첫 번째 결론이 처음부터 이 운동의 전체적 성과와 동일시됐기 때문이다. 그래서 바쿠닌은 1873년 '쥐라 연맹'[26]을 떠날 즈음에 다음과 같이 쓰고 있다: "오직 이론으로만 세상을 구원할 수 있다면, 우리는 지난 9년 동안 인터내셔널 내에서 세상을 구원하고도 남을 수많은 이론들을 만들어 냈다. 어느 누구도 새로운 이론을 더 이상 만들 수 없으리라…. 지금은 이론의 시간이 아니라, 사실과 행동의 시간이다." 물론 이러한 견해는 프롤레타리아의 역사적 시각 ― 이론은 실천돼야 한다는 확신 ― 을 보존하고 있지만, 실천으로의 이행에 적합한 형태들은 이미 발견됐으며, 이 형태들이 결코 변치 않을 것이라고 가정함으로써 역사적 현장에서 벗어나 있다.

93

무정부주의자들은 이데올로기적 확신에 사로잡혀 자신들을 일체의 노동운동과 명백하게 구별한다. 이들은 자신들의 이데올로기를 선전하고 옹호하는 사람들에게 모든 무정부주의 조

---

26. 쥐라 연맹(la Fédération jurassienne)은 1870년대에 바쿠닌 사상을 바탕으로 한 스위스의 무정부주의를 대표했다.

직들을 비공식적으로 지배하는 데 유리한 현장을 제공하면서 양자 사이에 관할의 경계를 증식시킨다. 이 전문가들은 일반적으로 보잘것없는 사람들이라서, 이들의 지적 활동은 이미 알려진 몇몇 사실들을 반복하는 것에 그친다. 무정부주의 조직에서 어떤 사항을 결정함에 있어 만장일치를 이데올로기처럼 준수하는 것이 오히려 자유의 전문가들의 통제할 수 없는 권위주의를 조장한다. 횡령석 부정부주의는 해방된 인민들에게 같은 종류의 수단으로 획득된 동일한 유형의 만장일치를 기대한다. 더구나 이 무정부주의는 당면 투쟁을 위해 결집된 소수 정예파와 일반인들로 구성된 사회 사이에 상반된 조건들을 고려하지 않는데, 이것은 함께 결정을 내려야 할 순간에 무정부주의자들 사이에 끊임없는 불화를 만들어 낸다. 스페인에서 일어난 무정부주의자들의 수많은 봉기가 지역적 차원으로 국한되어 짓밟힌 것은 좋은 사례이다.

94

진정한 무정부주의가 어느 정도 공공연하게 지니고 있는 환상은 혁명의 지속적인 임박성이다. 이 혁명은 순식간에 실현되면서 이데올로기와 이것에서 파생된 실천 조직 방식이 옳았음을 증명할 것이다. 1936년 무정부주의는 실제로 하나의 사회혁명과 전례 없이 가장 진보한 프롤레타리아의 과도기적 권력을 지휘했다. 이와 관련해서 주목해야 할 점은 첫째, 전면적인 봉기의 계기가 군부의 봉기에 의해 시작됐다는 점이며, 둘째, 혁명이 조기에 실현되지 않았던 것 때문에 무정부주의의 조직화된 운동이 혁명이 이룬 반토막짜리 승리의 외연을 확대하는 것은 물론 단지 혁명의 성과를 방어하기에도 역부족이었다는 점이다. 혁명이 조기에 실현될 수 없었던 것은 외세의 강력한 지원을 받았던 프랑코 정권이 영토의 반을 장악하고 있었고, 국제 프롤레타리아 운동 소속의 살아남은 병력들은 이미 전의를 상실한 상태에 있었으며, 그리고 공화국 진영 내에 부르주아 세력들이나 혹은 여타의 사회주의 노동당 세력들이 잔존하고 있었기 때문이다. 무정부주의 운동의 저명한 지도자들은 내전의 실패를 위해 혁명을 무산시킨 부르주아 국가의 각료와 볼모가 된다.

95

제2인터내셔널에서 "정통 마르크스주의"는 사회주의 혁명을 위한 과학적 이데올로기가 된다. 이 이데올로기는 그 본질을 경제의 객관적 과정과 동일시하며, 또한 조직에 의해 훈련된 노동계급에 의한 이러한 필연성의 인식 확대와 동일시한다. 이 이데올로기는 공상적 사회주의를 특징지었던 교육적인 논증[27]에서 자신감을 회복하지만, 시간이 흐름에 따라 **관조적** 준거가 이 논

증에 추가된다. 그러나 이러한 태도는 총체적 역사에 대한 헤겔
적 의미와 마찬가지로 공상적 비판에 존재하는 총체성에 대한
부동의 이미지 — 푸리에의 비판에서 정점을 이룬 — 를 잃어버
린다. 이러한 과학적 태도는 힐퍼딩[28]의 하찮은 이론이 제시하
는 윤리적 선택들의 대칭만을 겨우 작동시킬 뿐이다. 힐퍼딩은
사회주의의 필연성을 인식하는 것이 "채택해야 할 실천적 태도
에 대한 지표"와 관계없다고 말한다. "왜냐하면 필연성을 인식
하는 것과 그것을 위해 봉사하는 것은 별개의 문제이기 때문이
다"(『금융자본론』). 마르크스와 혁명적 프롤레타리아 계급에게
단일한 역사의 사유는 채택해야 할 실천적 태도와 결코 구분되지
않는다. 이 점을 인식하지 못하는 사람들은 일반적으로 자신들
이 취하는 실천의 희생자가 되지 않을 수 없다.

---

27. 생시몽, 푸리에, 오언 등을 비롯한 공상적 사회주의자들은 자본주의와 사
적 소유제도에 대해 반대하며 생산수단의 공유와 소비생활의 공동화를 통한
이상 사회를 주장했다. 이들은 노동계급이 아직 형성되지 않았던 당시의 시대
적 제약을 반영하여 이 계급을 단순한 구제 대상으로만 보았다. 엥겔스는 이
러한 공상적 사회주의를 과학적 사회주의, 즉 마르크스주의와 대립시킨다.
28. 힐퍼딩(Rudolf Hilferding, 1877-1941)은 오스트리아 태생의 마르크스주
의 이론가이자 경제학자이다. 바이마르 공화국 시절에 재무장관을 역임했으며
국가독점자본주의 이론을 발전시켰다. 그의 『금융자본론』은 사회민주주의가
수정주의와 민주적 사회주의로 발전하는 데 토대가 되었다.

96

　사회민주주의 조직의 이데올로기는 채택해야 할 실천적 태도를 노동자계급을 교육하는 **주도자들**의 권력에 맡긴다. 이들이 채택한 조직 형태는 이러한 수동적인 학습에 적합한 형태였다. 제2인터내셔널에서 사회주의자들의 정치투쟁 및 경제투쟁의 참여는 확실히 구체적이었지만 매우 **무비판적**이었다. 이 참여는 **혁명적 환상**이라는 이름 아래 명백하게 **개량주의적인 실천**으로 수행되었다. 그 결과, 혁명적 이데올로기는 이것을 떠받들었던 사람들의 성공 때문에 무력화될 수밖에 없었다. 이 운동의 대표자들과 기자들 사이의 불화는 이전에 부르주아 지식인들 중에서 당원으로 입당했던 사람들을 부르주아적 생활양식으로 향하도록 조장했다. 노조의 관료주의는 노동력의 중개자로 변모하여, 산업 노동자들이 투쟁할 때 가입시켰던 노동자들 중 일부를 선별하여 마치 상품처럼 적절한 가격으로 팔아넘겼다. 이들 활동이 혁명적인 그 무엇을 간직하려고 했다면, 자본주의가 정치적으로 용인했던 이 개량주의 — 이들은 법의 테두리 안에서 소요를 주도했다 — 를 때마침 경제적으로 **감당할** 능력이 없어야 했다. 개량주의가 보장했던 것은 바로 양자의 양립 불능이었다. 역사는 그것이 사실이 아님을 매 순간 입증한다.

97

정치적 이데올로기에서 가장 멀리 떨어져 있었던 사회민주주의자 베른슈타인은 부르주아적 과학의 방법론에 가장 솔직하게 동조한다. 그는 모순의 실재 — 혁명적 이데올로기가 부재했던 영국 노동사들의 개량주의 운동은 이 모순을 드러냈다 — 를 밝히고자 하는 정직성을 가지고 있었다. 그러나 모순의 실재는 오로지 역사적 발전에 의해서만 반박 없이 입증될 수 있다. 어찌 보면 베른슈타인은 환상으로 가득 차 있었지만, 자본주의적 생산의 위기가 기적적으로 사회주의자들의 행동을 강제할 것이라는 견해에는 부정적이었다. 사회주의자들은 합법적인 대관식과 같은 모양새로 혁명의 계승자가 되고자 했다. 제1차 세계대전과 함께 불쑥 찾아온 극도의 사회적 격변의 시기는 자각에 유리한 환경이었다. 사회민주당의 조직 체계는 독일 노동자들을 혁명적으로 훈련시켜 이들을 이론가들로 만드는 데 무능했다. 그것은 두 번씩이나 입증된다: 첫 번째는 대다수의 당원들이 제국주의 전쟁에 합류할 때이고, 두 번째는 전쟁의 패배로 인해 스파르타쿠스단[29]에 소속된 혁명가들이 철저하게 탄압당할 때이다. 노동자 출신의 에베르트[30]는 마치 "죄악인 양" 혁

---

29. 스파르타쿠스단(Spartakusbund)은 1916년에 창설되어 제1차 세계대전 당시 독일에서 활동한 사회주의 혁명 단체이다.
30. 에베르트(Friedrich Ebert, 1871-1925)는 독일 사민당(SPD)의 당원이었으며, 1918년에 일어난 독일혁명으로 1919년에 성립된 바이마르 공화국의 초대 대통령이 되었다.

명을 증오한다고 고백하면서 여전히 그 죄악을 믿고 있었다. 이 지도자는 **사회주의 대표단**의 대단한 선구자로서 러시아의 프롤레타리아와 대결하는 단호한 적수가 된다. 게다가 그는 새로운 소외에 부합하는 강령을 공식화한다: "사회주의란 더 많이 노동하는 것을 의미한다."

98

레닌은 마르크스주의 사상가로서 일관되고 **충실한 카우츠키주의자**[31]일 뿐이었다. 그는 "정통 마르크스주의"의 **혁명적 이데올로기**를 러시아의 상황에 적용했다. 그런데 이 상황은 제2인터내셔널에서 혁명적 이데올로기를 대신해서 추진했던 개량주의적 실천을 허용치 않는 상황이었다. 프롤레타리아와 **무관한 집행부**는 "직업적 혁명가들"로 변신한 지식인들에게 종속돼 있는 잘 훈련된 지하 정당을 이용하여 행동하면서, 자본주의 사회를 이끄는 어떠한 관리직과도 협상을 원치 않는 일종의 직업이 된다. (물론 차르 정치체제는 어떤 경우에도 양 진영의 협상을 제공할 능력

---

31. 카우츠키(Karl Johann Kautsky, 1854-1938)는 프라하에서 태어났고 독일 사회민주당과 제2인터내셔널에서 활약한 대표적인 마르크스주의 이론가였다. 그는 1883년에 독일 사회민주당의 이론지 『노이에 차이트』를 창간하고 이 잡지의 편집자로서 마르크스주의의 보급과 발전에 노력을 기울였다. 『자본』의 자본주의적 축적의 역사적 경향론을 기초로 한 「에르푸르트 강령」(1891)의 집필은 그의 대표적인 업적이다.

이 없었다. 이러한 협상은 부르주아 권력의 진화된 단계에 그 기반을 두기 때문이다.) 따라서 이 집행부는 사회를 **감독하는** 절대적인 직업이 된다.

99

볼셰비키의 강압적인 이데올로기적 급진주의는 전쟁과 이로 인한 국제 사회민주주의의 와해와 함께 전 세계적으로 확산된다. 노동운동에 대한 민주주의적 환상의 참혹한 결말은 세계 전체를 하나의 러시아로 만든다. 볼셰비키주의는 이러한 난국의 시대가 초래한 최초의 혁명적 위기에 세력을 떨치면서, 전 세계의 프롤레타리아들에게 이들이 지배계급에게 "러시아어로 말할 수 있도록" 자신의 위계적·이데올로기적 모델을 제공한다. 레닌은 제2인터내셔널이 마르크스주의를 혁명적 이데올로기로 채택한 것을 비판한 것이 아니라, 계속 그렇게 하지 못한 것을 비난한다.

100

볼셰비즘이 자신을 위해 러시아에서 승리를 구가하고, 사회민주주의가 **구대륙**을 위해 싸워 승리를 거두는 이 역사적 순간은 하나의 사태가 출현하는 순간이기도 하다. 이 사태는 현대적 스펙타클의 지배의 중심에 있다: **노동계급의 대표**가 철저하게 자신의 계급과 맞선다.

101

"로자 룩셈부르크[32]는 1918년 12월 21일 자 『로테파네』[33]에서 다음과 같이 진술한다: 이전의 혁명에서 투사들은 모든 것을 드러내 놓고 ― 계급 대 계급, 강령 대 강령 ― 당당하게 싸웠다. 현재의 혁명에서는 구질서를 보호하려는 무리들이 지배계급의 휘장이 아닌 '사회민주당'의 깃발 아래 개입한다." 혁명의 핵심적 문제, 이를테면 '자본주의인가 또는 사회주의인가'라는 문제가 공개적으로 그리고 솔직하게 제기됐다면 오늘날 다수의 프롤레타리아는 전혀 주저함이 없었을 것이다. 일례로 독일 프롤레타리아의 급진파는 파멸되기 수일 전에 모든 선행 과정

---

32. 로자 룩셈부르크(Rosa Luxemburg, 1871-1919): 독일에서 활동한 폴란드 출신의 사회주의 이론가이자 혁명가로서 폴란드 사회민주당과 스파르타쿠스단, 독일 공산당의 조직에 핵심적인 역할을 하였다. 그녀는 사회주의 정권의 수립을 위해서 대중운동의 중요성을 역설하였는데, 1919년 1월에 발생한 2차 독일혁명 때 체포되어 처형되었다. 대표적인 저서로는 『자본축적론』, 『러시아 혁명』 등이 있다.

33. 『로테파네(Die Rote Fahne)』는 독일 공산당의 전신인 스파르타쿠스단 및 독일 공산당의 기관지였다.

— 노동계급의 대표단은 이 과정에 크게 기여했다 — 이 야기했던 새로운 조건의 비밀을 찾아낸다. 그것은 기존 질서의 방어를 위한 스펙타클적 조직, 즉 어떠한 "핵심적 문제"도 더 이상 "공개적으로 그리고 솔직하게" 제기될 수 없는 가상에 의한 사회적 지배이다. 프롤레타리아 혁명의 대표단은 이 단계에서 사회의 총체적인 왜곡의 주요 요인이자 핵심적 결과가 된다.

102

볼셰비키 모델에 입각한 프롤레타리아 조직은 러시아의 후진성 속에서 그리고 혁명적 투쟁을 포기한 선진국의 노동운동 속에서 탄생한다. 이 조직은 러시아의 후진성 속에서 온갖 조건들과 조우하는데, 이 조건들은 자신의 배아(胚芽) 속에 무의식적으로 간직하고 있었던 반혁명적 전도(顚倒)를 향해 이 조직을 이끌어 간다. 대부분의 유럽 노동운동은 1918년에서 1920년까지 발생했던 **히크 로두스, 히크 살투스 운동**[34]을 계속적으로 회피한다. 이 회피는 이 운동의 급진적 소수파의 폭력적인 파멸을 초래하면서 볼셰비키의 전적인 발전에 기여하며, 이러한 기만적 결과를 프롤레타리아를 위한 유일한 해결책이라고 만천하

---

34. Hic Rhodus, hic saltus(여기가 로도스다. 여기서 뛰어라)는 이솝 우화에 나오는 이야기로, '지금 이 순간! 행동하기를!'이라는 의미를 갖는다. 헤겔은 『법철학』, 「서문」에서 같은 문장을 인용하고 있다.

에 표명하게 한다. 볼셰비키 당을 정당화하는 노동자 권력의 대변과 방어를 위한 국가 독점권의 장악은 이 당을 본래의 모습으로, 즉 소유권의 초기 형태를 본질적으로 없애면서 **프롤레타리아 소유자들의 당**으로 복원시킨다.

103

러시아 사회민주주의의 여러 분파들은 차르 체제의 청산을 위한 모든 조건들 — 부르주아지의 취약점, 다수의 농민들의 중압감, 아주 소수에 불과하지만 주의 깊고 전투적인 프롤레타리아의 결정적 역할 — 에 대해 항상 불만스러운 이론 논쟁을 지난 20년 동안 해 왔다. 결국 이 모든 조건들에 대한 해결책은 가설 속에 포함되지 않았던 하나의 여건 — 프롤레타리아를 이끄는 혁명적 관료주의는 국가권력을 탈취하는 과정에서 사회에 새로운 계급 지배를 야기한다 — 을 통해 실천 속에서 드러나게 된다. 전적인 부르주아 혁명은 불가능했으며, "노동자와 농민의 민주적 독재"[35]는 내용 없는 말에 불과했다. 평의회의 프롤레타리아 권력은 자작농 계급, 국내외에서 암약하는 황제파의 반발에 맞서 자신을 방어할 수 없었으며, 국가, 경제, 언론과 곧이어 사상까지도 통제하는 무소불위의 주인들로 구성된 노

---

35. 레닌이 1921년 제10차 러시아 공산당 볼셰비키 지도부 회의에서 언급한 슬로건.

동당으로 외화되고 소외된 자신들의 대표에 대항하여 유지될 수 없었다. 트로츠키와 파르부스[36]의 영구 혁명론[37] ― 레닌은 1917년 4월에 실질적으로 이 혁명론에 가담한다 ― 은 부르주아지의 사회적 발전이 지체된 국가들에게만 적용할 수 있는 이론인데, 하지만 그것도 관료 계급의 권력이라는 미지의 요소가 도입된 후에야 비로소 현실적이 된다. 레닌은 볼셰비키 지도부 외의 수많은 대결에서 이데올로기의 최고 대표자들 수중에 독재 권력이 집중되어야 한다고 강력하게 주장한다. 레닌은 소수파 절대 권력을 내세웠던 초기 선택에 내포된 해결책을 지지하면서 그의 적수들에 비해 언제나 올바른 판단을 한다. 민주주의는 **국가적으로** 농민들에게는 용인되지 않으며, 노동자들도 같은 처지에 놓인다. 이것이 노조의 공산당 지도자들, 당 전체, 그리고 종국에는 당의 집행부로 하여금 민주주의를 거부하게 한다. 제10차 러시아 공산당 볼셰비키 지도부 회의에서 크론시타트(Kronstadt)[38] 평의회는 무력에 의해 패퇴되고 온갖 중상모략 속에 매장당한다. 레닌은 이 회의에서 "노동자들의 반대 그

---

36. 알렉산더 파르부스(Alexander Lvovich Parvuss, 1867-1924)는 소련의 마르크스 이론가이자 혁명 정치가였다. 그는 독일 사민당에 깊숙이 개입하여 혁명 활동을 전개했으나, 막심 고리키의 『밤주막』의 독일 공연 수익금과 관련된 사기 행각은 그의 명성을 의심하게 만들었다.

37. 트로츠키의 영구 혁명론은 레닌의 이론처럼 혁명적 부르주아지를 신뢰하지 않는다. 그러나 영구 혁명론은 농민이 독립적인 정치적 역할을 할 수 있다고 보지 않은 점에서 레닌의 볼셰비즘과 달랐다. 이 혁명론은 후진 지역의 프롤레타리아 계급의 독재, 국제주의의 승리를 통한 사회주의 공고화와 내부 투쟁에 의한 사회적 발전을 주장한다.

38. 러시아 상트페테르부르크 주(州)에 있는 도시.

룹"[39]으로 조직된 좌익 관료들을 향해 훗날 스탈린이 세계의 완전한 구분에까지 그 논리를 확대할 결론을 천명한다: "이곳저곳에서 총은 허용되지만 반대는 허용될 수 없다…. 반대라면 이제 진저리가 난다."

104

관료주의는 **국가자본주의**의 유일한 주인이 된다. 이 관료주의는 대내적으로 우선 농민들과의 임시적 동맹을 통해 자신의 권력을 공고히 하며, 대외적으로는 크론시타트 사건 이후 네프[NEP: 신경제정책]로 전환될 무렵 제3인터내셔널의 관료주의적 정당들에 가입시킨 노동자들을 러시아 외교의 보충 세력으로 활용하면서 자신의 권력을 방어한다. 그리하여 이 관료주의는 모든 혁명운동을 사보타주하며 부르주아 정부들 — 1925-27년의 중국의 '국민당' 정부, 프랑스와 스페인의 '인민전선' 등 — 과의 국제정치에서 거점이 되고자 하는 계산 속에 이 정부들을

---

39. 노동자들의 반대 그룹은 러시아 볼셰비키 당 내에 1919년에 조직된다. 알렉산드라 코론타이와 알렉산드르 츠리아프니코프를 중심으로 한 이 반대 그룹은 페트로그라드의 금속 노동자들의 지지를 받았으며 '좌파 공산주의자들'의 일부를 규합했다. 노동자들의 반대 그룹은 노조에 의한 노동자의 생산 통제를 주요 의제로 삼았으며, 1920년 11월에 개최된 모스크바 회의에서 반대 그룹이 제안한 노선은 참가한 대의원의 과반수에 가까운(278명 중 124명) 찬성을 얻어내기도 했다.

후원한다. 하지만 관료주의적 사회는 역사상 가장 난폭한 원시적 자본축적을 실현하기 위해 농민들에게 공포정치를 자행하면서 자신의 완성을 추구할 수밖에 없었다. 스탈린 시대의 산업화는 **관료주의**의 최후의 현실을 드러낸다. 그것은 경제 권력의 계속적 유지, 즉 노동-상품을 유지시키는 상품 사회의 본질의 보존이다. 이것이 바로 자립 경제의 증거이다. 이 경제는 자신의 목적 달성에 필수적인 지배계급을 다시 만들 정도까지 사회를 지배한다. 이것은 부르주아지가 자율적 지배력, 이를테면 이러한 자율성이 존속하는 한 그들이 개입할 필요가 없을 정도까지 지배력을 창출했다는 것을 의미한다. 전체주의적 관료주의는 브루노 리치[40]적 의미에서 "역사상 최후의 자산계급"이 아니라 상품경제를 주도하는 대체(代替) 지배계급이다. 쇠퇴한 자본주의적 사유재산권은 하나의 부산물로 대체된다. 이 부산물은 관료 계급의 집단적 재산으로 단순화되고, 다양성이 축소된 채 집중된다. 지배계급의 이러한 후진적 형태는 후진적 경제의 발현이기도 하다. 이러한 후진적 형태는 세계의 특정 지역에서 지체된 발전을 극복하는 것 이상의 미래를 가질 수 없다. 지배계급의 이러한 증보판에 위계적-국가주의적 틀을 제공하는 것이 바로 분리에 입각한 부르주아 모델에 따라 조직된 노동당이다. 안톤 칠리가[41]는 스탈린 치하의 감옥에서 "조직의 기술적 문제

---

40. 브루노 리치(Bruno Rizzi, 1901-1977)는 이탈리아 정치인이자 비정통 마르크스주의 이론가이다.
41. 안톤 칠리가(Anton Ciliga, 1898-1992)는 자그레브에서 태어난 크로아티아의 정치가이자 작가였고, 유고슬라비아 공산당 창당에 중요한 역할을 수행했다.

들이란 결국 사회적 문제들이다"라고 지적한다(『레닌과 혁명』).

105

혁명 이데올로기, 즉 분리된 것의 정합성 ― 레닌주의는 이것을 위해 가장 심도 깊은 주의주의적(主意主義的) 노력을 기울인다 ― 은 자신을 거부하는 현실을 관리하게 되지만, 스탈린주의와 함께 그 진리가 모순 속에 귀착된다. 이데올로기는 이 지점에서 더 이상 무기가 아니라 목표가 된다. 더 이상 반박할 수 없는 거짓은 광기와 다르지 않다. 현실은 목표와 마찬가지로 전체주의적 이데올로기의 선포 속에서 와해되고 만다. 이데올로기가 지시하는 것만이 존재할 수 있게 된다. 이것이 국지적인 스펙타클의 원초주의이다. 그렇지만 이 원초주의는 세계적인 스펙타클의 발전에 지대한 역할을 한다. 여기에서 물질화되는 이데올로기는 잉여 단계에 이른 자본주의처럼 세계를 경제적으로 변형시키지 못한다. 이 이데올로기는 치안적인 차원에서 지각만을 변형시킬 뿐이다.

106

권력을 장악한 전체주의적-이데올로기적 계급은 전복된 세계의 권력이다. 이 계급은 강력해질수록 그만큼 더 자신은 부재한다고 단언한다. 이처럼 이 계급은 자신의 영향력을 먼저 자신이 존재하지 않는다고 주장하는 데 사용한다. 이 계급은 이러한 주장을 할 때만 겸허한 태도를 취한다. 왜냐하면 이 계급의 오류 없는 지휘 덕분에 역사 발전은 그 정점에 이를 것이고, 이 정점은 공식적인 계급의 부재와 일치해야 하기 때문이다. 도처에서 영향력을 과시하는 관료주의는 인지할 수 없는 보이지 않는 계급임이 분명하다. 결과적으로 일체의 사회생활은 광기 상태에 빠진다. 절대적인 기만의 사회조직은 이러한 근본적인 모순에서 탄생한다.

107

스탈린주의는 관료 계급 내의 공포의 군림이다. 이 계급의 권력을 기초하는 공포정치는 또한 이 계급에게도 가해질 수밖에 없다. 왜냐하면 관료 계급은 자신의 모든 구성원들에게 확대될 수 있는 법률적 보장 — 소유 계급으로 공인받는 삶 — 을 전혀 가지고 있지 않기 때문이다. 관료 계급은 실질적인 소유권이 은

폐되어 있기 때문에 허위의식에 의해서만 소유자가 될 수 있다. 허위의식은 오직 절대적 공포정치에 의해 자신의 권력을 유지할 수 있다. 일체의 참된 동기는 이 공포정치 속에서 소멸한다. 권력을 거머쥐고 있는 관료 계급의 구성원들은 철저한 기만의 가담자로서 오직 집단적으로만 사회에 대한 소유권을 행사할 수 있다. 이들은 사회주의 사회를 이끄는 프롤레타리아의 역할을 연기하며, 이데올로기가 아니라 대본에 충직한 배우이다. 그렇지만 기만적 존재에로의 현실적 참여는 그야말로 진정한 참여로 인정받아야 한다. 어떠한 관료도 개인적으로 권력에 대한 권리를 옹호할 수 없다. 왜냐하면 자신이 사회주의적 프롤레타리아임을 증명하려면 관료와 상반되는 모습으로 비춰져야 하기 때문이다. 그런데 관료가 아님을 증명하는 것도 불가능하다. 관료주의의 공식적 진리에 의하면 관료주의는 존재하지 않기 때문이다. 이처럼 각 관료는 이데올로기라는 주 보증서에 절대적으로 의존하게 된다. 이 이데올로기는 **자신이 궤멸시키지 않은 모든 관료들이** [자신의] "사회주의 권력"에 집단적으로 참여하는 것을 승인한다. 관료들이 모든 사안에 대해 집단적으로 결정을 내린다고 하더라도 이 계급의 응집력은 단 한 사람에게 집중된 공포 권력에 의해서만 확보될 수 있다. **권력의 기만에 대한 유일한 실천적 진리** ─ 항상 수정되는 진리의 경계를 반박의 여지 없이 확정짓는 것 ─ 는 바로 이 사람에게 달려 있다. 스탈린은 최종적으로 누가 유산(有産) 관료가 될 수 있는지를 단호히 결정한다: 누구를 "권력의 프롤레타리아"로 호명할 것인가? 혹은 누가 "미카도[42]와 월스트리트에 매수된 배신자"인가? 관료주의적 원자들은[43] 오로지 스탈린이라는 인물을 통해 자신들의 권리의 공통적 본질이 무엇인지 알게 된다. 스탈린은 이런 방식으로 자신을 절대적 인물로 자처하는 세계의 지배자이다. 그의 의식 속에는 자기보다 고귀한 정신이 존재하지 않는다.[44] "세계의 군주는 자신과 대별되는 신하들의 자아에 파괴적 폭력을 행사하면서 자신이 누구인지에 대한 실질적인 의식 — 실효성을 지닌 보편적 지배력 — 을 소유하게 된다."[45] 그는 지배의 영역을 규정하는 권력이며, "이 영역을 유린하는 지배력"[46]이다.

108

절대 권력을 장악함으로써 절대적이 된 이데올로기는 부분적 인식에서 전체주의적 기만으로 변화한다. 역사관은 철저하게 무화되며, 그 결과로 역사는 가장 경험적인 인식의 차원에서조차 존재할 수 없게 된다. 전체주의적 관료주의 사회는 영원한 현재 속에서 삶을 영위하며, 여기에서 발생한 모든 것은 치안

---

42. 「미카도(The Mikado)」는 영국의 작곡가 아서 설리번(Arthur Sullivan)의 오페라이다.
43. 헤겔의 『정신현상학』에서 언급된 "인격적 원자들"을 암시하고 있다.
44. 헤겔의 『정신현상학』의 전용: "세계의 군주는 그러한 방식으로 자기가 절대적인 인물임을 알고 있다. 그는 자신 안의 모든 현존재를 전체적으로 파악하며, 그의 의식 속에는 자기보다 고귀한 정신이 존재하지 않는다."
45. 헤겔의 『정신현상학』의 인용.
46. 헤겔의 『정신현상학』의 인용.

체제만이 접근할 수 있는 공간으로서 오직 그 자체를 위해서만 존재한다. 나폴레옹이 이미 공식화했던 "군주처럼 기억의 에너지를 통치하는" 기획은 과거에 대한 부단한 조작 — 의미와 사실에 있어 — 에서 총체적으로 구현된다. 그러나 일체의 역사적 현실로부터의 해방은 합리적 준거들의 상실이라는 대가를 치러야 한다. 이 준거들은 **역사적인** 자본주의 사회와 불가분의 관계에 있다. 우리는 광기에 **빠진** 이데올로기의 과학적 적용이 러시아 경제에 얼마나 큰 대가를 치르게 했는지 리센코[47]의 사기 사례만을 보더라도 잘 알 수 있다. 전체주의적 관료주의의 모순은 합리적인 것에 대한 필요성과 그것의 거부 사이에 포획된 산업사회의 관리에 있다. 이 모순은 자본주의의 정상적인 발전과 비교되는 이 산업사회의 주요 결함들 중의 하나이다. 관료주의가 자본주의처럼 농업 문제를 해결할 수 없는 것과 마찬가지로, 관료주의는 비현실성과 일반화된 기만을 토대로 강압적으로 계획된 산업 생산에 있어서도 결국은 자본주의보다 열세에 놓일 수밖에 없다.

---

47. 트로핌 리센코(Trofim Denisovich Lysenko, 1898-1976)는 러시아의 농업생물학자이며 육종 연구에 종사하였다. 그는 식물의 생장에 온도와 빛이 필요한 단계가 있음을 발견하고 가을에 심는 밀을 저온에 저장하여 봄에 심는 춘화처리법을 연구하였다.

109

　혁명적 노동운동은 양차 세계대전 사이에 스탈린적 관료주의
와 파쇼적 전체주의 — 파쇼적 전체주의는 러시아에서 실험된
전체주의적인 정당에서 그 조직 형태를 차용한다 — 의 합작에
의해 소멸된다. 파시즘은 공황과 프롤레타리아의 전복 활동의
위협에 맞선 부르주아 경제의 극단적 방어 수단, 즉 자본주의
사회 속의 **계엄령**이었다. 파시즘은 이것에 의거해 사회를 구원
하며, 통치를 위해 국가를 대거 개입시키는 긴급한 합리화 조처
를 시행한다. 그러나 이 조처는 그 수단의 엄청난 비합리성이라
는 부담을 떠안게 된다. 파시즘은 공황으로 인해 몹시 불안해
하고 사회주의적 혁명의 무력감에 실망한 프티 부르주아지와
실업자들을 재규합하면서 보수화된 부르주아 이데올로기의 주
요 지점들(가족, 재산권, 도덕질서, 국가)의 방어를 목표로 삼는다.
하지만 파시즘 자체는 근본적으로 이데올로기가 될 수 없다.
파시즘은 해묵은 허위적 가치 — 인종, 혈통, 지도자 — 에 의해
규정된 공동체로 참여할 것을 독려하는 **신화**의 폭력적 부활로
자처한다. 파시즘은 **기술 장치가 장착된 의고주의**이다. 신화에서
해체된 그 모조품은 가장 현대적인 포장과 환상 수단을 활용하
는 스펙타클의 맥락에서 다시 활기를 찾는다. 이처럼 파시즘은
현대적 스펙타클의 형성에 기여하는 요소들 중의 하나이며, 또
한 노동운동을 파괴했던 자신의 전력 때문에 현 사회를 기초하
는 세력들 중의 하나가 된다. 그러나 파시즘은 자본주의 질서

의 유지에 있어 **가장 값비싼** 형태이기 때문에, 자본주의 국가들이 큰 배역을 점유하고 있는 무대의 전면에서 떠날 수밖에 없었다. 파시즘은 이 질서를 수호하는 보다 합리적이고 보다 강력한 형태들에 의해 제거된다.

110

러시아의 관료주의는 마침내 자신의 경제 지배를 저해하는 부르주아지의 소유권을 파기하고 경제를 자신이 원하는 용도로 발전시키면서 대외적으로 초강대국의 하나로 인정받는 데 성공한다. 관료주의는 자신의 고유 세계를 평온하게 만끽할 목적에서 자신에게 영향을 미치고 있는 자의적인 요소를 제거하고자 한다. 스탈린주의는 이제 그 근원에서부터 규탄의 대상이 된다. 그러나 이러한 규탄은 여전히 스탈린적이며 자의적이다. 그것은 모든 것을 설명하지 못하며 끊임없이 수정된다. 이데올로기적 허위를 그 근원에서부터 밝히는 것은 결코 가능하지 않기 때문이다. 관료주의는 이처럼 문화적으로나 정치적으로 자유로워질 수 없다. 계급으로서 관료주의의 존속이 이데올로기의 독점에 의존하고 있기 때문이다. 짓누르는 과중함을 지닌 이데올로기의 독점은 관료주의에 귀속되는 유일한 재산 증서이다. 물론 이데올로기는 적극적으로 주장하는 열정을 상실했으나, 그럼에도 거기에 여전히 존속하는 무차별적인 저속함은 자신에 맞서는 아주 경미한 경쟁 행위조차도 허용치 않으며, 사유의 총체성을 포로로 어류하는 억입직 기능을 갖고 있다. 이처럼 관료주의는 어느 누구도 믿지 않는 이데올로기와 결합돼 있다. 공포에 떨게 만들었던 것이 이제 조롱거리가 된다. 그러나 이 조롱거리는 어쩌면 자신도 벗어나길 원하는 공포정치를 한 구석에 보관하고 있어야 유지될 수 있다. 그렇기 때문에 관료주의가 자본주의의 현장에서 자신의 우위를 입증하려고 하는 순간 전자는 후자의 **한 가련한 친족**으로 판명되고 만다. 관료주의의 실제 역사는 자신의 당위성과 배치되고, 조잡하게 유지된 관료주의의 무지는 자신의 과학적인 주장과 모순적이다. 이와 마찬가지로 상품생산의 풍요에 있어 부르주아지에 필적하겠다는 관료주의의 기획은 족쇄가 채워진다. 이것은 그러한 풍요가 그 자체 내에 자신의 **암묵적인 이데올로기**를 지니고 있으며, 스펙타클적인 기만적 선택으로 인해 무한하게 방대해진 자유, 즉 관료주의적 이데올로기와는 양립될 수 없는 기만적인 자유를 일반적으로 동반한다는 사실 때문이다.

111

관료주의의 이데올로기적 소유권은 현재의 발전 국면에서 이미 국제적으로 와해되고 있다. 본질적으로 국제주의적 전범(典範)으로서 국가를 중심으로 구축된 이 권력은 이제 국가의 경계를 넘어 모두를 아우르는 기만적 결속력을 유지하는 것이 더 이상 가능치 않음을 인정해야 한다. 불평등한 경제 발전을 경험했던 몇몇 관료주의 국가들은 경쟁적인 이기심에 의해 국경을 넘어 다른 나라에 자신의 "사회주의"를 보급하는 데 성공했다. 이것이 러시아의 기만과 중국의 기만, 이 양자 사이의 공공연한 전면 대결로 치닫도록 했다. 권력을 거머쥔 모든 관료주의 체제 혹은 스탈린 시대에 몇몇 국내 노동계급들에게 맡겼던 권력의 후보로서 모든 전체주의적 정당들은 이 사실에 유념하면서 고유의 길을 모색해야 한다. 기존 질서를 부정하는 대내적인 시위들이 세계 앞에 자신의 의지를 명확히 드러내기 시작하고 있으며, 이것은 관료주의적 기만의 동맹을 전 세계적으로 와해시키는 데 공헌하고 있다. 동베를린 노동자들의 봉기는 관료주의에 맞서 "철강 노동자들의 정부"를 요구했으며, 헝가리에서는 한때 노동자 평의회의 권력을 이끌어 내기도 했다. 이 와해는 궁극적으로 현재 진행 중인 자본주의 사회의 발전에 가장 불리한 요소가 될 것이다. 왜냐하면 부르주아지가 기존 질서에 대한 일체의 부정을 허위적으로 통합하면서, 객관적으로 자신을 지지했던 적을 상실하고 있기 때문이다. 이러한 스펙타클적 분업은 기만적인 혁명의 역할이 조만간 분열될 때 종말을 고할 것이다. 노동운동의 와해를 부추기는 스펙타클적 요인도 곧 와해될 것이다.

112

레닌주의적 환상은 몇몇 트로츠키적 분파들 속에서만 현대적 토대를 갖고 있다. 이데올로기의 위계적 조직과 프롤레타리아 기획의 동일화는 그 경험적 결과에 굴하지 않고 이 분파들 속에서 생존하고 있다. 트로츠키주의와 현 사회에 대한 혁명적 비판을 갈라놓고 있는 간격은 트로츠키주의가 몇몇 입장들 — 실제 전투에서 활용되었던 이 입장들은 이미 허위적인 것이었다 — 에 대해 취하고 있는 정중한 차이를 용인한다. 트로츠키는 기본적으로 1927년까지 강력한 관료주의에 대해 연대 의식을 느끼고 있었다. 그는 이 관료주의를 장악하여 대외적으로 진정한 볼셰비키의 투쟁을 재개하고자 했다(그는 이 시기에 그 유명한 "레닌의 유언"을 은폐할 의도에서 그것을 공개했던 자신의 동지 막스 이스트먼[48]에 대한 중상모략적인 비난까지도 서슴지 않았다). 트로츠키는 자신의 기본적 관점 때문에 단죄된다. 왜냐하면 관료주의는 그 성과에 있어 대내적으로 반혁명적 계급으로 드러났음에도 불구하고, **대내적으로 그랬던 것처럼**, 대외적으로도 혁명의 이름 아래 실질적으로 반혁명적 길을 선택해야 하기 때문이다. 그는 제4인터내셔널을 개최하기 위한 차후의 투쟁에서 동일한 모순을 드러낸다. 그는 제2차 러시아혁명 무렵에 볼셰비키 조직

---

48. 이스트먼(Max Eastman, 1883-1969)은 미국의 사회주의 작가였으며 할렘(Harlem)의 르네상스 운동에 기여했다. 그는 트로츠키와 교분을 쌓았으나, 말년에는 반공주의자로 전향했다.

의 맹목적인 당원이 됐기 때문에 평생토록 관료주의 내의 분리된 계급 권력을 인정하는 것에 반대했다. 1923년 루카치는 마침내 이 조직 형태 속에서 이론과 실천 사이의 매개를 찾았다고 설명했다. 프롤레타리아는 자신의 조직에서 일어나는 사건의 "관객"이 아니라, 이 사건을 자각하고 선택하면서 직접 경험한다는 것이다. 이와 같이 그는 볼셰비키 당의 실제 모습이 아니었던 모든 것을 이 당의 유효한 공로로 진술한다. 루카치는 심층적인 이론 작업을 병행했지만, 프롤레타리아 운동의 외부에서 권력의 이름으로 가장 통속적으로 말하는 한 명의 이데올로그였다. 그는 마치 자신의 권력인 양 프롤레타리아의 권력 속에서 자신의 총체적 인격과 참모습을 발견한다고 믿었으며, 그리고 그렇게 믿게 했다. 그러나 루카치는 이어진 일련의 사건에서 이 권력이 자신의 충복들을 부정하고 제거하는 것을 보면서 자신의 언행을 한없이 부인한다. 그는 자신과 반대되는 인물, 그리고 자신이 『역사와 계급의식』에서 지지했던 것과 상반되는 것에 자신을 완전히 동일시했다는 사실을 캐리커처와 같은 명료함으로 진술한다. 루카치는 20세기 지식인들을 판단하는 기초적인 규칙을 가장 잘 입증하고 있다. 그들이 존중하는 것은 다름 아닌 그들의 경멸당할 만한 현실이다. 그렇기는 하지만 레닌은 자신의 활동에서 결코 그런 종류의 환상을 조장한 적이 없었다. 그는 "정당은 당원들의 사고방식과 당의 강령 사이에 모순이 있는지 알아보기 위해 당원들을 조사할 수 없다"고 인정했다. 루카치가 시의적절하지 않게 제시했던 현실 정당의 이상적인 초상화는 국가권력의 장악이라는 부분적이고 명확한 사명에서만 모순적이지 않았다.

113

오늘날 트로츠키주의의 신레닌주의적 환상이 적용될 수 있는 특권적 현장 ― 왜냐하면 이 환상은 부르주아적 또는 관료주의적 현대 자본주의 사회의 현실에서는 언제나 허위라고 반박되기 때문이다 ― 은 당연히 형식적으로 독립된 "저개발" 국가들이다. 여기에서 국가사회주의와 관료주의적 사회주의의 보잘것없는 변종에 대한 환상은 현지의 지배계급들에 의해 **경제 발전**의 단순한 이데올로기로 의식적으로 조작된다. 이 지배계급들의 혼합적인 구성은 부르주아지-관료주의 스펙트럼 내에서의 단계적 상승과 어느 정도 결부돼 있다. 이들이 기존 자본주의 권력의 두 축 사이에서 국제적으로 벌이는 도박은 이들의 이데올로기적 타협 ― 특히 이슬람주의와의 타협 ― 과 함께 이들의 사회적 토대의 혼합적 성격을 표현하고 있지만, 이데올로기적인 사회주의의 최후의 부산물에서 치안질서를 제외한 중요한 모든 것을 제거하고 만다. 어떤 관료주의는 국가적 투쟁과 토지개혁을 위한 농민의 봉기를 둘러싸고 형성되었다. 이 관료주의는 중국과 같이 1917년의 러시아보다 덜 발전된 사회에서는 스탈린식 산업화 모델을 적용하려는 경향을 보인다. 어떤 관료주의는 국가를 산업화할 수 있는 능력을 지닌다. 이 관료주의는 이집트의 사례가 보여 주듯이 권력을 장악한 군 간부들로 구성된 프티 부르주아지들에 의해 형성된다. 어떤 경우, 관료주의는 독립전쟁 이후의 알제리에서처럼 투쟁의 와중에 준(準)국가의 집행부로서 구성되나 무력해진 민족 부르주아지를 통합하기 위해 타협의 균형점을 모색하기도 한다. 마지막으로 미국과 유럽 부르주아지와 노골적으로 관계를 맺고 있는 사하라 이남 아프리카의 옛 식민지들에서는 대부분의 경우 부족사회의 전통적 우두머리들의 권력에 입각한 **국가의 소유**를 통해 부르주아지가 구성된다. 이 국가들에서는 외세에 의한 제국주의가 여전히 경제의 지배자로 군림한다. **매판** 상인들은 현지 생산물들을 외세에 매각한 대가로, 현지인들은 통치할 수 있으나 제국주의 앞에서는 굴복해야 하는, 한 국가의 소유권을 넘겨받는다. 이 인위적인 부르주아지는 자본을 축적할 능력은 없고, 단지 자신에게 귀속되는 현지 노동의 잉여가치의 몫과 자신의 보호 수단이 되는 외국에서 보내온 국가의 원조금이나 독점권 등을 **탕진·착복한다**. 이 부르주아 계급들은 확실히 부르주아 경제의 기능을 정상적으로 작동시킬 수 있는 능력을 가지고 있지는 않다. 이러한 무능력은 이 부르주아지의 자산을 탈취하려는, 현지의 특성이 어느 정도 고려된 관료주의 모델에 입각한 체제 전복을 자극한다. 관료주의가 산업화라는 기본적인 기획을 통해 거둔 성공 속에는 필연적으로 그 역사적 패배의 전망이 내포되어 있다. 왜냐하면 관료주의는 자본을 축적하면서 프롤레타리아도 축적하기 때문이다. 그 결과, 관료주의는 이 관료주의가 아직 존재하지 않는 국가에서 그것을 허위라고 부정할 세력을 만들어 낸다.

114

산업국가의 프롤레타리아는 계급투쟁의 시대를 새로운 조건으로 이끌고 가는 복잡하고도 잔인한 발전 속에서 독립적인 미래에 대한 확신과, 종국에는 자신의 **환상**을 완전히 상실하지만, 자신의 존재는 망각하지 않는다. 프롤레타리아는 제거되지 않았다. 그들은 현대 자본주의의 격화된 소외 속에서 비타협적인 존재로 머물고 있다. 절대 다수의 노동자들은 일자리에 대한 권한을 상실하지만, **그것을 인식하자마자 곧바로** 자신을 프롤레타리아, 즉 사회 속에 작동 중인 음화(陰畵)로 재규정한다. 공장 노동의 논리가 "서비스 산업"과 지적인 직업에까지 확장돼 적용되는 것처럼, 프롤레타리아는 농민들의 소멸로 인해 사실상 강화된다. 프롤레타리아는 여전히 실천적 계급의식에서 **주관적으로** 멀리 떨어져 있다. 이는 구태의연한 정치의 무력함과 기만을 아직 자각하지 못하고 있는 사무원들뿐만 아니라 노동자들역시 마찬가지다. 그렇지만 프롤레타리아는 자신의 외화된 힘 — 노동의 형태 아래, 자신이 해방되고자 구축했던 노조, 정당, 국가권력의 형태 아래 — 이 자본주의 사회의 영속적인 강화에 공헌하고 있음을 알게 된다. 이와 동시에 이 계급은 구체적인 역사적 경험을 통해 자신이 고착화된 모든 외화와 권력의 모든 특화에 전적으로 적대적인 계급임을 자각하게 된다. 프롤레타리아는 혁명의 외부에 아무것도 남기지 않는 혁명을 목표로 삼으며 과거에 대한 현재의 영속적인 지배를 요구하고,[49] 분리에 대한 총체적인 비판을 구상한다. 바로 이것들에 대한 적합한 형태를 행동 속에서 찾아내야 한다. 양적으로 호전되는 빈곤이나 위계질서 속에 통합될 것이라는 어떠한 환상도 이들의 불만을 치유할 수 없다. 왜냐하면 프롤레타리아는 자신이 감내해야 하는 개별적인 부당성이나 이 **부당성에 대한 보상** 속에서 진정으로 자신과 닮은 점을 발견할 수 없기 때문이다. 그는 삶의 주변부로 내던져진 **절대적인 부당성** 속에서만 자신을 인식할 수 있다.[50]

115

우리는 선진국들에서 난무하고 있는 스펙타클적 개발로 인해 왜곡되고 납득되지 않는 새로운 부정의 징후들로부터 새로운 시대가 시작됐음을 알 수 있다. 노동자들에 의한 최초의 전복 시도 이후 이제는 **자본주의의 풍요**가 좌초되고 있다. 서구 노동자들의 반노조 투쟁이 무엇보다 먼저 노조에 의해 진압당하고 있으며, 젊은 세대의 반항적 운동들이 최초로 고유한 형태가 없는 시위 ― 그렇지만 이 시위는 특화된 낡은 정치, 예술과 일상

49. 마르크스와 엥겔스의 『공산당 선언』의 전용: "부르주아 사회에서는 과거가 현재를 지배하고, 공산주의 사회에서는 현재가 과거를 지배한다."
50. 마르크스의 『헤겔 법철학 비판』의 전용: "개별적인 부당성이 아닌 절대적인 불의로부터 고통 받고 있지 않다는 사실로 인하여 어떠한 권리도 결코 주장하지 않는 계급."

생활에 대한 거부와 직접적으로 관계를 맺고 있다 — 를 분출하고 있다. 이는 **범죄적** 외양 아래 시작된, 처음 보는 자발적 투쟁의 두 모습이며, 계급사회에 맞선 프롤레타리아의 두 번째 공격을 알리는 전조이다. 아직은 움직임이 없는 프롤레타리아 군대의 길 잃은 병사들[51]이 다시 전장 — 다르게 변모했으나 본질은 변함없는 — 에 등장한다. 이들은 새로운 "러드 장군"[52]을 따를 것이다. 장군은 이번에는 **허용된** 소비 기계들의 파괴를 위해 이들을 진격시킬 것이다.

116

"노동의 경제적 해방을 실현시킬 정치적 형태가 마침내 발견됐다." 20세기의 혁명 노동자 평의회에는 이러한 정치적 형태가 선명한 모습을 드러낸다. 노동자 평의회들은 결정과 집행의 모든 기능들을 내부적으로 집중시키며, 하부 조직을 책임지고 언

---

51. "길 잃은 병사들(les enfants perdus)"은 '파리코뮌'의 돌격대 이름이었다.
52. 네드 러드(Ned Ludd)는 18세기 말 영국의 전설적인 노동운동가였다. 대장 러드 또는 킹(King) 러드라는 애칭으로 불린 러드는 압제에 대항한 사회적 저항을 상징하는 인물이었다. 고용주와 노동자의 관계는 공장제의 성립과 함께 온정적 관계에서 금전적 관계로 전환된다. 각종 기계가 도입되면서 경제적 지위가 낮아지고 기존의 사회적 관계가 붕괴되자 노동자들은 행동을 시작한다. 기술자나 기업가를 협박하고 기계를 부수고 공장을 불태우는 일이 빈번해진다. 이러한 '기계 파괴 운동'은 1810년대에 절정을 이루었으며, 전설적 인물인 러드의 이름을 따서 '러다이트 운동(Luddism)'으로 불린다.

제든지 해임될 수 있는 대표들을 매개로 서로 연합한다. 실제로 존재했던 노동자 평의회는 단순한 밑그림에 불과했는데, 계급사회를 방어하는 여러 세력들 ─ 여기에는 허위의식도 포함된다 ─ 에 의해 공격당하고 패퇴했다. 노동자 평의회의 권력은 판네쾨크[53]가 잘 지적하고 있듯이 해결책을 제시하기보다는 "문제를 제기하는 데" 역점을 둔다. 하지만 이 권력이야말로 프롤레타리아 혁명이 진정한 해결책을 찾을 수 있는 장소이다. 역사의식을 위한 객관적인 조건들이 바로 이 장소에서 집결된다. 이 장소에서는 특화, 위계, 그리고 분리가 종말을 고하고 기존의 조건들이 "단일성의 조건들로" 변형되면서 **능동적인** 직접 소통이 실현된다. 여기에서 관조에 대항한 투쟁으로부터 프롤레타리아의 주체가 모습을 드러낼 것이다. 그의 의식은 자신이 전념하고 있는 실천 조직과 다름없다. 왜냐하면 이 의식은 역사 속의 일관된 개입과 불가분하기 때문이다.

117

전 세계적으로 일체의 권력을 대체해야 할 평의회의 권력 속

---

53. 판네쾨크(Antonie Pannekoek, 1873-1960)는 제3인터내셔널의 정책과 대립했으며 『마르크스주의와 다윈주의』에서 과학과 마르크스주의의 관계를 진술했다. 그는 코르쉬 및 고르터와 함께 평의회 공산주의 운동의 지도적 인물이 된다.

에서 프롤레타리아 운동은 이 운동의 생산물이며, 이 생산물은 생산자 자신이다. 이 생산지는 자신이 자신의 목표가 된다.[54] 이러한 조건 속에서만 삶의 스펙타클적 부정이 또다시 부정될 수 있다.

118

평의회의 출현은 20세기의 첫 사반세기 동안 프롤레타리아 운동의 절정을 이뤘던 현실이다. 그러나 평의회는 당시의 모든 역사적 경험들이 반박하고 제거했던 이 운동의 잔해와 함께 사라졌기 때문에 주의를 끌지 못 했었고, 왜곡돼 왔다. 프롤레타리아적 비판이 새롭게 정립되는 시기에 이 성과는 패배한 운동에서 유일하게 불패한 요소로 재론되고 있다. 역사의식은 자신이 존재할 수 있는 유일한 환경이 이 성과의 내부임을 인식하기에, 이제는 빠져나가는 것의 외곽이 아니라 솟아오르는 것의 중심으로 그것을 수용한다.[55]

---

54. 헤겔의 『역사 속의 이성』의 전용: "그들은 자신들 속에서 자신들을 만들었던 이념을 끌어낸다. 그들이 실현한 것은 바로 그들 고유의 목표이다.
55. 니체 작품의 전용: "와해되는 것의 중심이 아니라 상승하는 것의 외곽에 있는 것이 낫다."

119

평의회 집행부가 부재하는 기존의 혁명 조직 — 이 조직은 투쟁을 통해 고유 형태를 찾아야 한다 — 은 이러한 역사적 원인들 때문에 자신이 노동계급을 **대표할 수 없음**[56]을 이미 알고 있다. 이 조직은 자신이 단지 **분리**의 세계와의 급진적 분리일 뿐임을 인정해야 한다.

120

혁명 조직은 실천적인 투쟁들과 쌍방향의 소통을 이루면서 현실적 이론으로 되어 가는 실천 이론의 정합적인 표현이다. 혁명 조직 고유의 실천은 이 투쟁들 속의 정합성과 소통의 일반화이다. 이 조직은 사회적 분리가 와해되는 혁명의 시기에 분리된 조직으로서 자신의 와해 또한 인정해야 한다.

---

56. 마르크스의 『헤겔 법철학 비판』의 전용: "모든 계급을 대표하는 계급."

121

혁명 조직은 사회에 대한 단일한 비판, 즉 세계 어느 곳에서도 어떠한 분리된 권력 형태와도 타협하지 않는 비판, 소외된 사회생활의 제 양상을 전면적으로 규탄하는 비판이다. 계급사회에 대항하는 혁명 조직의 투쟁에서 무기는 투사 자신의 **본질** 외에 그 어떤 것도 될 수 없다. 혁명 조직은 자신의 내부에 지배 사회의 조건들인 분열과 위계의 조건들을 재생산해서는 안 된다. 혁명 조직은 군림하는 스펙타클 속에서 변질되지 않도록 지속적인 투쟁을 해야 한다. 혁명 조직의 완전한 민주주의에의 참여에 있어 유일한 제한 사항은 구성원 전원에 의한 조직 비판의 정합성에 대한 인정과 실질적인 자기 전유이다. 이 정합성은 엄밀한 의미에서의 비판 이론과 또한 그것과 실천적 활동 사이의 관계 속에서 입증되어야 한다.

122

자본주의적 소외가 모든 차원에서 점점 더 정교하게 실행되기 때문에 노동자들은 자신들의 비참함을 식별하고 그것을 명명하는 데 점점 더 많은 어려움 — 이 **비참함의 총체적인 거부나 그대로 수용하기** 중에 하나를 택일해야 하는 처지 — 에 봉착한

다. 혁명 조직은 더 이상 소외된 형태 아래에서 소외와 맞서 싸울 수 없음을 깨달아야 한다.[57]

123

　프롤레타리아 혁명은 역사상 처음으로 대중들에 의해 인식되고 경험돼야 하는 인간의 실천 지능으로서 이론이라는 필연성에 전적으로 의존한다. 이 혁명은 노동자에게 변증법론자가 되어 자신의 사유를 실천 속에 새길 것을 요구한다. 이처럼 프롤레타리아 혁명은 부르주아 혁명이 특성 있는 사람들 ― 부르주아 혁명은 이들에게 혁명의 실행을 위임한다 ― 에게 요구하는 것보다 더 많은 것을 특성 없는 사람들[58]에게 요구한다. 왜냐하면 일부 부르주아 계급에 의해 구축된 부분적인 이데올로기적 의식이 그 토대로서 사회생활의 핵심적인 부분 ― 이미 권력을 거머쥐고 있는 이 계급이 장악하고 있는 경제 ― 을 소유하고 있기 때문이다. 그러므로 계급사회에서 삶이 부재하는 스펙타클적 조직에까지 이른 발전 자체가 혁명 기획을 이끌어 내고, 이 기획의 본연의 모습이었던 것을 가시화시킨다.

---

57. 헤겔의『역사철학 강의』의 전용: "교회는 감각적인 쾌락의 추구라는 야만에 대항한 싸움을 그만큼이나 야만적이고 소름끼치는 방식으로 떠받쳤다."
58. 로베르트 무질(Robert Musil, 1880-1942)의『특성 없는 남자(*Der Mann ohne Eigenschaften*)』의 전용.

124

혁명 이론은 이제 모든 혁명 이데올로기의 적이다. 혁명 이론은 그것을 알고 있다.

V. 시간과 역사

"오, 고관들이여, 삶은 너무도 짧은 것이니…. 우리가 죽지 않고 살게
된다면, 왕들의 머리를 밟아서 뭉갤 것이니…."

— 셰익스피어, 『헨리 4세』

125

인간 — "오직 존재를 지양하는 한에서 **존재하는 부정적 존재**"[1] — 은 시간과 동일하다. 그래서 인간이 자신의 본성을 전유한다는 것은 세계가 어떻게 전개되는지를 포착하는 것을 의미한다. "역사는 **자연사** — 자연의 인간으로의 변형 — 의 구체적인 일부이다"[2](마르크스). 반대로 "자연사"는 인류사의 과정을 통하지 않고서는 실질적 실존을 가질 수 없다. 인류사의 과정은 우주 외곽으로 멀어져 가는 성운을 시간 속에서 따라잡는 최신 망원경의 가시거리처럼 역사 전체를 발견할 수 있는 유일한 부분이다. 역사는 늘 존재해 왔지만 언제나 역사적 형태로 존재해 왔던 것은 아니다.[3] 인간의 시간화는 한 사회의 매개에 의해 실현된다. 따라서 그것은 시간의 인간화와 동일하다. 시간의 무의식적 운동은 표면화되며, 역사의식 속에서 **참된 것**이 된다.

---

1. 헤겔의 『정신현상학』의 인용.
2. 『경제학-철학 초고』의 인용.
3. 마르크스가 루게에게 보낸 서신(1849년 9월)의 전용: "이성은 늘 존재해 왔지만 언제나 이성적 형태로 존재해 왔던 것이 아니다."

126

역사 고유의 운동은 여전히 은폐돼 있기는 하지만 "인간의 실질적 본성[자연]"의 더디고 점진적인 형성 속에서 시작된다. 이 본성은 "인류사 속에서 — 인간 사회의 발생적 행위 속에서 — 태어난 본성"이다. 사회는 기술과 언어를 통제하기 시작하고, 이미 그 자체 역사의 산물이 된다. 그러나 이 사회는 단지 영원한 현재의 의식만을 가지고 있다. 일체의 지식은 나이 많은 연장자들의 기억으로 제한되며, 살아 있는 사람들은 언제나 그것에 대해 책임을 지고 있다. 사람들은 죽음이나 생식기능이 시간의 법칙임을 깨닫지 못한다. 시간은 닫힌 공간처럼 부동의 상태로 존재한다. 한층 복잡해진 사회는 마침내 시간을 의식하게 되지만 전력을 다해 그것을 부정한다. 왜냐하면 이 사회는 시간 속에서 지나가는 것이 아니라 되돌아오는 것만을 보기 때문이다. 정태적인 사회는 자연에 대한 즉각적인 경험, 즉 순환적 시간 모형에 따라 시간을 조직한다.

127

순환적 시간은 예전부터 유목민들의 경험을 지배해 왔는데, 왜냐하면 이들이 떠돌아다닐 때마다 마주치는 것은 동일한 조건들이기 때문이다. 헤겔은 "유목민의 방랑은 균일한 공간으로 국한되어 있기 때문에 단지 형식적일 뿐"[4]이라고 지적한다. 한 지역에 정착한 사회는 개별화된 구획 정리를 통해 공간에 내용을 부여하는데, 이 사회는 바로 그것 때문에 한 장소의 내부에 유폐되는 것이다. 그래서 유사한 장소로의 일시적 회귀는 동일한 장소로의 시간의 순수한 회귀, 이를테면 일련의 행위의 반복을 의미하게 된다. 목가적인 유목 생활로부터 정착된 농경 생활로의 이행은 안일하고 내용 없는 자유의 종말, 즉 노동의 시작을 뜻한다. 농경 생산양식은 일반적으로 계절의 변화와 관계 있기 때문에 완전하게 구성된 순환적 시간의 토대가 된다. 이 시간의 내부에 영원함이 있다. 영원함은 우리가 사는 세상에서 동일한 것의 회귀를 의미한다. 신화는 사회가 자신의 경계 내에서 이미 실제로 구현한 질서를 바탕으로 모든 우주적 질서를 보장하는 사유의 단일한 구축물이다.

128

시간의 사회적 전유, 즉 인간 노동에 의한 인간의 생산은 계급으로 분할된 사회 속에서 성장한다. 식량·물자가 부족한 순환적 시간 사회의 상부에 군림하는 권력, 즉 사회적 노동을 조

---

4. 헤겔의 『역사 속의 이성』의 인용.

직하고 거기에서 제한된 잉여가치를 전유하는 계급은 또한 사회적 시간의 조직과 관련된 시간의 잉여가치를 수탈한다. 오로지 이 계급만이 살아 있는 사람의 불가역적 시간을 소유하게 된다. 권력의 장소에만 집결되어 있는 유일한 부(富)는 사치스러운 축제에 물질적으로 소비되며, 또한 **사회** 표면의 **역사적 시간의 탕진**으로서 소비되기도 한다.[5] 역사적 잉여가치의 소유자들은 경험적 사건들의 지식과 향유를 점유한다. 사회생활의 토대를 위한 반복적 생산과 함께 사회를 지배하는 시간의 집단적인 조직과 구분되는 이 시간은 자신의 정태적인 공동체를 초월해서 흐른다. 이 시간은 모험과 전쟁의 시간이다. 순환적 사회의 지배자들은 이 시간을 통해 개인적 역사를 편력한다. 또한 이 시간은 낯선 사회들과의 충돌, 이를테면 확고부동했던 사회질서가 혼란 속으로 빠질 때 출현하는 시간이기도 하다. 그러므로 역사는 낯선 요인 — 사람들은 이것을 바라지 않았고 그리고 이것으로부터 안전하다고 믿고 있었다 — 으로서 사람들 앞에 불시에 나타난다. 그리고 이러한 우회에 의해 잠들어 있던 모든 발전의 근원인 인간의 부정적인 **불안**도 회귀한다.

---

5. 여기에서 말하는 소비는 조르주 바타이유가 말하는 소비의 개념과 관련이 있다. 이 소비는 재생산을 위한 소비나 생산, 축적, 획득, 통제와는 거리가 먼 소모, 방출, 통제, 나아가 사치나 무의미한 지출까지도 포함하는 순수한 비생산적 소비(dépense improductive)이다.

129

순환적 시간은 갈등 없는 시간이다. 그러나 이 시간의 유년기에 갈등이 자리를 잡게 된다. 역사는 무엇보다도 먼저 지배자들의 실천적 활동 속에서 역사로 형성되기 위해 투쟁한다. 그리하여 역사는 표면적으로 불가역적인 것들을 만든다. 역사의 운동은 순환적 사회의 소진될 수 없는 시간 속에서 자신이 소진시키는 시간을 만든다.

130

"냉각된[가동되지 않는] 사회"는 역사의 몫을 극단적으로 지연시키는 사회이다. 이 사회는 자연적·인간적 환경과의 대립과 내적 대립을 지속적인 균형 속에 유지시킨다. 이러한 목적을 위해 구축된 엄청나게 많은 제도들은 인간 본성의 자기창조에 대한 유연성을 증언하고 있다고 볼 수 있지만, 그것은 오직 외부의 관찰자, 이를테면 역사적 시간에서 벗어나 있는 민속학자나 할 수 있는 증언이다. 냉각된 사회 속의 확고한 구조화는 변화의 배제를 의미하기 때문이다. 기존의 사회 활동들 — 인간의 모든 가능성은 언제까지나 이 활동들과 동일시된다 — 에 대한 절대적 순응주의는 [조직] 형태가 부재하는 동물 세계로 다시 추락할 것이라는 두려움을 제외하고는 어떠한 외부적 제한도 갖지 않는다. 이 사회에서 인간으로 존속하기 위해선 줄곧 동일한 인간으로 존재해야 한다.

131

철강 주조와 같은 최후의 거대한 기술혁명의 시기 — 이 시기는 산업이 출현할 때까지는 심층적인 대격변 없이 지속된다 — 와 관련이 있어 보이는 정치권력의 탄생은 또한 혈족 관계가 해체되기 시작하는 시기이기도 하다. 이때부터 세대들의 계승은 자연의 순수한 순환적 영역을 벗어나 방향이 주어진 사건들, 즉 권력의 계승이 된다. 불가역적 시간은 통치자의 시간이며, 왕조들은 이 시간에 대한 최초의 척도가 된다. 문자[문서]는 시간의 무기이다. 문자 속의 언어는 사람들 사이의 매개 역할로부터 독립된 절대적인 현실에 도달한다. 그러나 사회를 구성하는 매개로서 이러한 독립은 분리된 권력의 보편적 독립과 동일하다. 문자와 함께 하나의 의식이 출현한다. 이 의식은 더 이상 살아 있는 사람들 사이의 직접적인 관계 속에 기입되지도, 전달되지도 않는다. 이 의식은 비인격적 기억, 이를테면 사회 통치기관의 기억이다. "글로 쓰여진 것은 국가의 사고(思考)이고, 고문서는 국가의 기억이다"(노발리스).

132

연대기는 권력의 불가역적 시간을 나타낸다. 연대기는 또한 앞선 시간의 자취에 입각해서 시간의 주의주의적 발전을 유지시키는 도구인데, 왜냐하면 이 시간의 방향은 각 특정 권력의 추락과 함께 와해될 수밖에 없기 때문이다. 그리하여 이 시간은 유일한 순환적 시간의 초연한 망각 속으로 다시 추락한다. 순환적 시간은 제국들과 그 연대기들이 멸망하는 와중에도 결코 변하는 법이 없는 농민들이 수용하는 시간이다. 역사의 소유자들은 시간에 하나의 의미(un sens)[6] — 방향과 의미 — 를 부여한다. 그러나 이들의 역사는 전개되지만 결국은 홀로 떨어져 궤멸되고 만다. 이 역사는 보편적인 현실로부터 분리돼 있기 때문에 사회의 본질에 전혀 영향을 끼칠 수 없다. 바로 이런 까닭에 비잔틴 제국들의 역사가 종교의 역사로 귀착되고 만 것이다. 다시 몰락한 이 제국들의 연대기들은 그들을 감싸고 있었던 외양상으로만 자유로운 환상의 역사만을 남겼을 뿐이다. 역사의 사적 소유권을 가지고 있는 통치자들은 신화의 보호 아래 무엇보다도 먼저 환상의 방식으로 그것을 소유한다. 중국과 이집트의 통치자들은 오랫동안 영혼의 불멸성을 독점하면서 초기 왕조들을 상상적으로 가공해 낸다. 그러나 통치자들에 의한 이러한 가공적인 소유는 당시에는 공통의 역사와 이들 고유의 역사를

---

6. 프랑스어 'sens'는 '의미'와 '방향'을 동시에 지칭하는 낱말이다.

소유할 수 있는 유일한 방법이었다. 역사에 대한 이들의 실질적인 권력의 확장은 신화에 대한 가공적인 소유의 대중화와 관계가 있다. 이 모든 것은 통치자들이 순환적 시간의 영속성을 신화적으로 보증하는 임무를 맡음에 따라 — 계절과 관련된 중국황제들의 제례에서 볼 수 있듯이 — 그러한 순환적 시간에서 상대적으로 벗어나 있다는 단순한 사실에서 연유한다.

133

건조한 연대기는 신성화된 권력에 대한 설명을 생략한 채 종복들에게 말하며, 오로지 신화적 계율의 세속적인 집행으로서만 이해되기를 원한다. 이러한 연대기가 지양되고 자각적인 역사가 되려면 광범위한 집단들에 의한 역사의 실질적 참여가 요청된다. 역사적 소통의 보편 언어는 개별적인 현재의 소유자로서 자신을 인식하는 사람들 사이의 실천적인 소통에서 탄생한다. 이들은 질적으로 풍부한 사건들을 자신들의 활동이자 자신들이 거주하는 장소 — 자신들의 시대 — 로서 인식한다. 사람들 — 불가역적 시간은 이들을 위해 존재한다 — 은 이 시간 속에서 기억해야 할 것과 망각의 위협을 동시에 발견한다: "할리카나수스(Halicarnassus)의 헤로도토스는 여기에 연구 성과를 내놓는다. 시간은 인간들의 업적을 폐기하지 못하리라…."

134

역사에 관한 성찰은 **권력에 관한 성찰과 불가분하다.** 지배자들에 의한 민주주의 사회였던 고대 그리스에는 권력과 그 교체에 관해 토론이 있었고, 이 사회는 권력의 본질을 간파하고 있었다. 전제 국가의 상황은 이와는 판이하게 달랐다. 전제 국가의 권력은 오직 자신과의 대결을 통해 분쟁을 해결한다. 권력이 가장 집중된 지점은 접근 불가능한 불투명한 곳에 있으며, 가신(家臣)의 쿠데타는 그것이 실패하든지 또는 성공하든지 간에 토론의 대상이 될 수 없었다. 그렇지만 그리스 공동체들의 공유된 권력은 사회생활을 위한 **소비량의 확보**라는 전제 하에서만 존재할 수 있었다. 그런데 이 소비량의 생산은 줄곧 분리되고 담보 상태로 있던 노예계급에 귀속돼 있었다. 노동하지 않는 인간들만이 삶을 누릴 수 있었다. 그리스 공동체들의 불화와 외부 공동체들에 대한 약탈을 위한 투쟁은 각 공동체의 내부를 기초하고 있는 분리의 원칙이 외화된 것이다. 고대 그리스는 보편적 역사를 동경하지만 침략 앞에 하나로 단결하지 못하며, 심지어는 자치도시들 간에 역법의 통일마저 실패한다. 고대 그리스는 역사적 시간을 인식하지만 아직 자기 자신에 대해 자각하지 못한다.

135

그리스 공동체들이 가지고 있었던 지역적 이점의 소멸 이후 서구의 역사적 사유의 퇴보에는 고대 신화 체계의 재구성이 수반되지 않는다. 지중해 지역 주민들 간의 충돌과 로마제국의 형성 및 몰락의 과정에서 준역사적 종교들이 출현하고, 이 종교들은 시간에 대한 새로운 의식을 기초하는 역할을 하며 분리된 권력의 새로운 보호 수단이 된다.

136

일신론 종교들은 신화와 역사 간의 타협안, 이를테면 여전히 생산을 지배하고 있는 순환적 시간과 불가역적 시간 ― 이 시간 속에서 사람들은 서로 대결하며 그리고 재집결한다 ― 간의 타협안이었다. 유대교에서 유래한 종교들은 불가역적 시간의 추상적인 보편적 인정과 관련을 맺고 있다. 이 불가역적 시간은 민주화되어 모든 사람에게 열려 있으나 여전히 환각 속에 있다. 이 시간은 완전히 단 하나의 최종적인 사건 ―"그리스도의 왕국이 가까워 옴"― 을 향해 있다. 이런 종교들은 역사의 토양 위에서 탄생하며 거기에서 구축된다. 그러나 바로 그렇기 때문에 한층 더 근본적으로 역사와 대립되는 입장을 견지한다. 준역사적인 종교는 예수의 탄생이나 마호메트의 도피[헤지라]에서처럼 시간 속에 질적으로 상이한 출발점을 설정한다. 그러나 이슬람교에서는 정복의 형태 아래 그리고 개신교에서는 자본 증식의 형태 아래 실질적 축적을 도입하는 이 준역사적 종교의 불가역적 시간은 **카운트다운** ─ 줄어드는 시간 속에서 진정한 피안의 세계로 들어가기 위한 기다림, 최후 심판의 기다림 ─ 처럼 종교적 관념 속에서 사실상 전도된다. 영원은 순환적 시간을 벗어난 저편에 있다. 영원은 시간의 불가역성을 억누르는 원소이다. 이 원소는 일시적인 순수 원소로서 ─ 이것 안에 순환적 시간이 들어오며 그리고 파기된다 ─ **불가역적 시간**의 **저편**에 위치하면서 역사 속에서 역사를 제거한다. 보쉬에는 여전히 이렇게 말할 것이다: "우리는 소멸하는 시간의 수단을 통해 소멸하지 않는 영원 속으로 들어간다."[7]

137

　중세는 미완성의 신화적 세계로서 자신 밖에서 자신의 완성을 찾는다. 순환적 시간은 생산의 주된 부분을 여전히 규율하

---

7. 보쉬에의 인용. 보쉬에(Jacques Bossuet, 1627-1704)는 프랑스의 신학자이자 정치학자이다. 탁월한 웅변가였던 그는 루이 14세에게 왕으로서 지켜야 할 의무를 설명하였으며 왕의 권한은 신으로부터 받은 것이라는 왕권신수설을 주장하였다. 그의 저서로는 『철학개론』과 『연설의 소명에 대한 교훈집』 등이 있다.

지만, 역사가 이 시간을 침식하기 시작한다. 사람들은 삶의 여러 시기를 겪으면서 어떤 불가역적 시간성을 개인적으로 인지하기 시작한다. 사람들은 삶을 여행, 이를테면 한 세계 — 이 세계의 의미는 다른 곳에 있다 — 에서의 돌아갈 수 없는 잠시 동안의 체류로 간주한다. 인간은 순례자이다. 인간은 순환적 시간에서 탈주하여 정녕 자신의 전조(前兆)와 같은 여행자가 되고자 한다. 한 개인의 역사적 삶은 언제나 권력의 영역 속에서, 권력이 주도하는 투쟁의 참여 속에서 그리고 권력 쟁탈을 위한 투쟁 속에서 실현된다. 그러나 권력의 불가역적 시간은 기독교 시대를 기준으로 한 편향된 시간의 보편적 통일 아래 무장된 자신감의 세계 — 여기에서 통치자들의 도박이 충성심과 이행해야 할 충성심에 대한 불화를 중심으로 펼쳐진다 — 속에서 무한하게 공유된다. 이러한 봉건사회는 "정복 시기 동안 발달됐던 정복군의 조직구조"와 "피점령국에서 찾아낸 생산력"(『독일 이데올로기』)의 접촉에서 탄생한다. 물론 이 생산력의 조직 속에 정복군과 피점령국의 종교적 언어도 포함되어야 한다. 이 봉건사회는 교회 권력과 국가권력으로 분할되어 지배되며, 이 국가권력은 영토 내의 토지 양도와 자치도시에 관한 군주와 봉신 사이의 복잡한 관계 속에서 다시 세분화된다. 다양해진 역사적 삶의 가능성 속에서 모든 것 — 사회의 심층, 상품생산을 위한 부르주아지의 경험적 시간, 도시들의 건립과 확장, 상업적 목적을 위한 지구의 발견(이 실제 실험은 우주의 모든 신화 체계를 영원히 파괴한다) — 을 무의식적으로 끌고 갔던 불가역적 시간은 십자군 전쟁으로 대표되는 봉건사회의 공인된 역사적 대과업이 실패할

무렵 이 시대의 알려지지 않은 변화로서 서서히 그 모습을 드러
낸다.

138

중세의 몰락[8] 무렵, 옛 질서에 집착하는 의식은 죽음에 대한
강박관념의 형태 아래 사회를 사로잡고 있는 불가역적 시간
을 통감한다. 이것은 한 세계에 대한 우수, 이를테면 신화 체계
의 안전성이 여전히 역사의 균형을 유지시켜 주는 최후의 세계
의 와해에 대한 우수이다. 이 우수적 감정에 의하면 지상의 모
든 것은 오직 퇴화를 향해 나아갈 뿐이다. 그렇지만 유럽 농민
들의 대규모 봉기들은 역사에 대한 응답의 시도이기도 하다. 역
사는 봉건적인 후견을 보장했던 가부장적 최면으로부터 농민
들을 난폭하게 끌어낸다. 기독교 공동체들은 자신들의 뿌리였
던 유대교의 메시아사상처럼 시대의 고통과 불행에 대한 응답
으로서 신국의 임박한 실현을 기다리면서 이 낡은 사회에 동요
와 전복의 요소를 증대시킨다. 이것이 준역사적 종교의 원인이
었던 것이 전면에 등장하는 **지상낙원의 실현**, 이른바 천년왕국
설의 유토피아이다. 로마제국에서 권력을 공유하게 된 기독교
는 자신의 세력이 절정에 이를 무렵 이러한 희망에 잔존하고 있

---

8. 호이징가의 『중세의 가을』 암시. 이 책의 프랑스어 제목은 『중세의 몰락』이
다.

는 것을 단순한 미신에 불과하다고 부인한다. 이것이 바로 아우구스티누스의 확언 — 현대적 이데올로기에 대한 모든 '상징(satisfecit)'[찬양]의 원형 — 이 의미하는 바이다. 이 확언에 따르면, 오래전부터 사람들이 말해 왔던 왕국이란 다름 아닌 이미 자리 잡고 있던 교회이다. 천년왕국설을 믿는 농민들의 사회적 저항은 무엇보다도 먼저 교회를 파괴하려는 의지로서 정의된다. 그러나 천년왕국설은 신화의 영토가 아닌 역사의 세계에서 펼쳐진다. 노먼 콘[9]이 『천년왕국설의 추구』에서 확신하는 것처럼, 현대적 혁명을 향한 희망은 천년왕국설의 종교적 열정의 비이성적인 후속물이 아니다. 오히려 이와는 반대로 역사상 종교적 언어로 표명된 마지막 혁명적 계급투쟁인 천년왕국설에 이미 현대적 혁명의 성향이 내재돼 있다. 그러나 이 혁명에는 역사적일 수밖에 없는 의식이 여전히 결여돼 있다. 천년왕국설주의자들은 혁명을 자신들의 역사(役事)로 인식하지 못했기 때문에 패배할 수밖에 없었다. 그들이 신의 결정이라는 외부 신호에 따라 행동을 기다렸다는 사실은 실천에 대한 그들의 생각 — 봉기한 농민들은 외부에서 채택된 지도자들의 명령에 따라 행동해야 한다 — 을 나타내고 있다. 농민 계급은 사회의 작동과 고유의 투쟁을 이끌어 가는 방식에 관해 정확한 의식을 가질 수가 없었다. 왜냐하면 농민 계급은 계획을 표명하고 지상낙원의 이미지를 좇아 전쟁을 주도하는 의식과 행동이 단일한 조건임을 인식하지 못했기 때문이다.

---

9. 콘(Norman Cohn, 1915~2007)은 서식스(Sussex) 대학의 교수로 재직했던 영국의 역사가이다.

139

르네상스 시대 ― 역사적 삶의 또 다른 점유 ― 는 그리스·
로마 시대에서 자신의 과거와 당위성을 발견하면서 즐거운 마
음으로 영원과 결별한다. 르네상스의 불가역적 시간은 인식의
무한한 축적의 시간이다. 그리고 민주적 공동체들의 경험과 이
공동체들을 파괴하는 세력으로부터 탄생하는 역사의식은 마키
아벨리에 이르러 탈신성화된 권력에 대해 성찰하면서 결코 말
할 수 없었던 국가에 대해 진술하기 시작한다. 이탈리아 도시들
의 밝고 활기찬 생활 속의 축제 예술에서 삶은 흘러가는 시간
을 향유하는 것으로 표현되기 시작한다. 물론 이 시간의 향유
는 일시적일 수밖에 없다. 부르크하르트가 "르네상스 정신 그
자체"를 표현하고 있다고 지적하는 로렌조 디 메디치(Lorenzo
di Medici)의 노래는 덧없는 역사의 축제에 헌정된 송가이다:
"젊음은 얼마나 아름다운가! 눈 깜짝할 사이에 지나가 버리나
니…."[10]

---

10. 부르크하르트의 『이탈리아의 르네상스 문명』, 「바쿠스의 승리」의 인용:
"Quanto è bella giovinezza/Che si fugge tuttavia!"

140

역사적 삶을 독점하려는 절대왕조 국가의 지속적인 운동 ─ 부르주아 계급의 완전한 지배를 향한 과도기적 형태 ─ 은 부르주아지의 새로운 불가역적 시간의 본질을 드러나게 한다. 그것은 바로 부르주아지와 결합된 **노동의 시간** ─ 처음으로 순환적 시간에서 해방된 ─ 이다. 노동은 부르주아지와 함께 **역사적 조건들을 변형시키는 노동**이 된다. 부르주아지는 노동을 가치로 간주하는 최초의 지배계급이다. 또한 부르주아지는 일체의 특권을 폐지하고 노동의 착취로부터 비롯되지 않는 어떠한 가치도 용인하지 않는다. 그래서 지배계급인 부르주아지는 노동을 자신의 가치와 동일시하며 노동의 발전을 자신의 발전으로 여긴다. 이 계급은 상품과 자본을 축적하면서 끊임없이 자연을 변모시킨다. 노동은 변모되고 노동의 생산성은 폭발적으로 증대된다. [절대왕조의] 모든 사회생활은 이미 오래전에 왕궁을 지키는 의례적인 활동 ─ "왕이라는 직업"에서 그 극단에 이르는 냉정한 국가 행정기관의 장식물 ─ 으로 제한된다. 그리하여 일체의 개인적인 역사적 자유가 포기될 수밖에 없는 상황에 이른다. 불가역적인 시간을 기초로 한 봉건영주들의 활동의 자유는 프롱드의 난[11]의 패배 또는 찰스 에드워드의 옹립을 위한 스코틀

---

11. 프롱드의 난은 1648년에서 1653년에 걸쳐 일어났던 프랑스의 내전이다. 이 내전은 섭정인 모후 안 도트리슈와 재상 마자랭을 중심으로 한 궁정파에 대하여 일어났다. 이 내전은 최후의 귀족의 저항 또는 최초의 시민혁명의 시도

랜드인들의 봉기[12]의 패배를 마지막으로 소멸된다. 세계의 토대
가 이처럼 바뀐다.[13]

141

　부르주아지의 승리는 **철저하게 역사적 시간**의 승리이다. 왜냐
하면 이 시간은 사회를 밑에서 꼭대기까지 영속적으로 변형시
키는 경제적 생산의 시간이기 때문이다. 농업 생산이 주된 노동
으로 지속되는 한, 사회의 심층부에 자리한 순환적 시간은 변화
를 가로막는 **전통**을 위한 연합 세력들에게 자양분을 제공한다.
그러나 부르주아 경제의 불가역적 시간은 세계의 모든 곳에서
이러한 잔존물들을 일소한다. 종래의 역사는 오직 지배계급에
속한 인간들의 활동으로서 모습을 드러냈고, 결과적으로 사건
중심의 역사로 쓰여져 왔다. 그런데 역사는 이제 **보편적 운동**이
되며, 이 가혹한 운동 속에서 개인들이 희생된다. 역사는 자신
의 토대가 정치경제임을 알게 되면서 이제 자신의 무의식으로

라는 상반된 평가를 받고 있다.
12. 영국의 정치 세력인 재커바이트 세력은 망명한 스튜어트 일가의 제임스 2
세와 그 자손을 정통성을 가진 영국 군주로서 지지했다. 보니 프린스 찰리
(Bonnie Prince Charlie)의 모티프가 된 찰스 에드워드 스튜어트(Charles
Edward Stuart)가 이끄는 재커바이트 세력은 1745년에 반란을 주동하나 이듬
해에 컬로든 전투(Battle of Culloden)에서 패배하며 격멸된다. 찰스 에드워드
스튜어트는 프랑스로 망명하여 그곳에서 죽는다.
13. '프랑스 인터내셔널가'의 가사 암시.

존재해 왔던 것을 인식하게 된다. 그러나 역사는 여전히 무의식
으로 존속하는 것의 진실을 밝힐 수 없다. 상품경제가 민주화
시킨 것이 바로 이 눈먼 선사시대, 어느 누구도 통제할 수 없는
새로운 운명이다.

142

역사는 사회의 심층 어디에나 존재하지만 그 표면에서는 자
취를 감추곤 한다. 불가역적 시간은 또한 **사물들의 시간**으로 변
신함으로써 승리를 쟁취한다. 이 시간의 무기가 바로 상품의 법
칙에 입각한 물품들의 대량생산이기 때문이다. 그러므로 경제
발전이 사치스런 희소성에서 일상의 소비로 통용시키는 가장
중요한 생산물이 역사이다. 그러나 이 역사는 오로지 삶의 모든
질적 사용을 지배하는 사물들의 추상적 운동으로서의 역사이
다. 종래의 순환적 시간이 개인과 집단이 직접 경험하는 역사적
시간의 발전적인 부분을 지탱했던 반면에, 생산을 위한 불가역
적 시간의 지배는 이러한 직접 경험된 시간을 사회적으로 제거
하려는 경향을 갖는다.

143

그런 연유로 부르주아지는 불가역적인 역사적 시간을 사회에 도입하고 그것을 강제하지만, 이 시간의 **사용**을 용인하지는 않는다. "역사는 존재했었다. 그러나 지금은 더 이상 존재하지 않는다."[14] 왜냐하면 경제의 소유자 계급 — 이 계급은 **경제사**와 단절될 수 없다 — 은 시간의 또 다른 불가역적 사용을 목전에 닥친 위협으로 취급하고 그것을 억압해야 하기 때문이다. **사물 소유의 전문가들** — 바로 이 점에서 이들은 사물의 소유물이다 — 로 구성된 지배계급은 자신의 운명을 물화된 역사의 보존, 이를테면 역사 속에 영속하는 새로운 부동성과 결합시킨다. 사회의 토대를 이루는 노동자는 처음으로 물질적으로 **역사**와 낯설지 않게 된다. 사회가 이제 노동자라는 토대 위에서 불가역적으로 움직이기 때문이다. 프롤레타리아는 자신이 만드는 역사적 시간을 **직접 경험하겠다**는 요구를 통해 [자신의] 혁명 기획의 잊을 수 없는 순수한 요체를 발견한다. 이 기획의 실현을 위한, 지금까지 좌절됐던 매번의 시도들은 새로운 역사적 삶을 향한 하나의 가능한 출발점을 나타낸다.

---

14. 마르크스의 『철학의 빈곤』의 인용.

144

권력을 거머쥔 부르주아지의 불가역적 시간은 자신의 이름 아래 무엇보다 먼저 절대적인 시점(始點), 공화국의 원년(元年)으로 제시된다. 그러나 보편적 자유라는 혁명 이데올로기 ― 이것은 가치 체계에 대한 신화적 조직의 마지막 잔존물들과 사회의 모든 전통적 법규들을 폐기한다 ― 는 자신이 로마체로 새긴 현실적인 의지 ― 보편화된 **상업의 자유** ― 를 은폐하지 않는다. 상품 사회는 그 당시 자신의 순수 지배를 수립하기 위해서 자신이 완전히 질식시켰던 수동성을 재구축해야 함을 간파한다. 그래서 상품 사회는 "추상적 인간을 숭배하는 기독교에서 가장 적합한 종교적 보완물을 찾아낸다…"(『자본』). 부르주아지는 기독교와 시간의 전개에 관한 협정을 체결한다. 부르주아지는 자신의 역법을 포기하고 불가역적 시간을 복원시킨다. 이 시간은 부르주아지가 승계하는 기독교 시대 속에서 주조된다.

145

불가역적 시간은 자본주의의 발전과 함께 전 세계적으로 통일된다. 세계 전체가 이 시간의 전개 아래 한데 집결된다. 보편적 역사는 이제 하나의 현실이다. 그러나 어느 곳에나 편재하는 동일한 이 역사는 여전히 역사 자체에 대한 역사 내부의 거부에 불과하다. 이 역사는 바로 경제적 생산의 시간이다. 추상적인 파편들로 균등하게 재단된 이 시간은 지구 전체에서 같은 날로 표면화된다. 통일된 불가역적 시간은 세계시장의 시간이고, 그리고 그 필연적 귀결로서 세계적 스펙타클의 시간이다.

146

생산의 불가역적 시간은 본질적으로 상품의 척도이다. 그렇기 때문에 이 시간은 사회의 일반적인 시간으로 지구 전체에서 공식적으로 자신의 존재를 뚜렷이 나타낸다. 그러나 이 시간은 특정한 이익을 위해 조직된 특수한 시간에 불과하다.

VI. 스펙타클적 시간

"우리가 가진 것은 시간뿐이다. 집이 없는 사람들조차도 시간을 향유한다."

— 발타자르 그라시안, 『세상의 지혜』

147

생산의 시간 — 상품-시간 — 은 균등한 간격의 무한한 축적이다. 이것은 불가역적 시간의 추상화이며, 이 시간의 각 부분은 크로노미터에 의해 오직 양적으로 균등함을 입증해야 한다. 생산의 시간은 실제 현실 속에서 **교환 가능한** 성격을 지닌다. 상품-시간에 의한 사회적 지배 속에서 "시간은 모든 것이며, 인간은 사소한 것이 되고 만다. 인간은 기껏해야 시간의 잔해이다"(마르크스의『철학의 빈곤』). 이것은 과소평가된 시간이자 "인간 발전의 장(場)"으로서 시간의 완전한 전도이다.

148

인간의 발전이 성취되지 않는 일반적인 시간은 또한 **소비할 수 있는 시간**이라는 상보적인 모습 아래 존재한다. 이 시간은 가장된 순환적 시간으로 방향 지어진 생산에 입각해서 일상적 사회생활로 복귀한다.

149

가장된 순환적 시간은 실제로는 생산의 상품-시간의 소비 가능한 은폐일 뿐이다. 이 시간은 상품-시간의 본질적 특성 — 교환 가능한 동질적인 단위들, 질적 측면의 제거 — 을 내포하고 있다. 이 가장된 순환적 시간의 부산물은 구체적인 일상생활을 지체시키고 그리고 이 지체를 유지시키는 것을 목표로 가지고 있다. 그래서 이 시간은 허위적인 가치화로 가득하며, 기만적으로 개인화된 시간들의 집합으로서 모습을 드러낸다.

150

가장된 순환적 시간은 현대의 경제적 생존, 즉 연장된 생존을 위한 소비의 시간이다. 여기에서 일상의 경험은 결정권이 박탈되고, 자연적 질서가 아닌 소외된 노동 속에서 전개되는 가장된 자연에 속박된 채로 존속한다. 그래서 이 시간은 산업화 이전 사회들의 생존을 결정했던 낡은 순환적 리듬을 아주 자연스럽게 되찾는다. 가장된 순환적 시간은 순환적 시간의 자연적 궤적에 의존하면서, 거기에 대응하는 새로운 조합들, 이를테면 밤과 낮, 노동과 주말의 휴식, 정기 휴가 등을 만들어 낸다.

151

가장된 순환적 시간은 산업에 의해 **변형된** 시간이다. 상품생산에 기반을 둔 이 시간은 그 자체가 하나의 소비 가능한 상품이다. 이 시간은 예전에, 즉 단일했던 낡은 사회가 해체될 시기에 사생활, 경제생활, 정치 생활 등으로 구분했던 모든 것을 한데 집결시킨다. 현대사회의 소비 가능한 일체의 시간은 사회적으로 조직된 시간표의 자격으로 시장에 강제되는 다양한 신제품들을 위한 원료로 취급되기에 이른다. "소비에 적합한 형태로 하나의 생산물이 이미 존재한다. 하지만 이 생산물은 또다시 다른 생산물을 위한 원료가 될 수 있다"(『자본』).

152

집약된 자본주의의 가장 진화된 분야는 "필요한 모든 것을 구비한" 시간 묶음[패키지 상품]들의 판매로 향한다. 각각의 묶음은 다수의 다양한 상품들을 단 하나로 통합하는 통일된 상품이다. 이처럼 성장하는 "서비스 산업"과 여가 활동의 경제 속에서 "비용 일체 포함"이라는 지불 형태가 출현한다. 이 지불 형태는 스펙타클적 주거 형태, 휴가를 위한 사이비 집단 이동, 문화 소비를 위한 정기 구독, "열정적인 대화"와 "명사와의 만남"을 주선하는 사교 상품의 판매 등을 위한 것이다. 이런 종류의 스펙타클 상품은 그에 상응하는 현실의 결핍이 심화됨에 따라서 반드시 통용될 수밖에 없다. 물론 이 상품은 신용 결제가 가능한 판매의 현대화를 선도하는 품목들 중 하나이다.

153

소비 가능한 가장된 순환적 시간은 스펙타클적 시간이다. 이 시간은 협의적 의미에서는 이미지의 소비를 위한 시간이며, 광의적 의미에서는 시간의 소비를 위한 이미지이다. 이미지의 소비를 위한 시간 — 모든 상품들의 매개 — 은 스펙타클의 모든 수단들이 완전히 행사되는 장(場)과 이 수단들이 특정한 소비를 위한 장소와 주요 형태로서 총체적으로 제시하는 목표와 분리될 수 없다. 우리는 현대사회가 끊임없이 추구하는 시간 절약 — 교통수단의 속도나 봉지 수프의 사용에서 볼 수 있듯이 — 이 실제로 어떻게 표출되고 있는지 알고 있다. 미국인들은 단지 TV 시청을 위해 하루 평균 3-6시간을 보내고 있다. 여가 생활과 바캉스 기간이 시간의 소비에 대한 사회적 이미지를 전적으로 지배하고 있다. 이 시기는 긴 시간을 두고 표상되며, 모든 스펙타클 상품이 그러하듯이, 누구나 원하는 것으로 전제되어 제시된다. 이 상품은 여기에서 진정한 삶의 순간, 다시 오기를 기다려야 하는 순간으로 노골적으로 제시된다. 그러나 삶에 할당

된 이러한 순간들 속에서조차 더욱더 강력한 차원으로 제시되고 재생산되는 것은 여전히 스펙타클이다. 진정한 삶으로 표상되는 것은 단지 **정녕 스펙타클적인** 삶으로 판명된다.

154

이 시대는 본질적으로 재빠르게 돌아오는 수많은 축하 행사들을 치러야 하는 시대이다. 그러나 이 시대는 축제가 부재하는 시대이기도 하다. 순환적 시간의 시대에 공동체가 삶의 사치스런 소비(dépense)에 참여했던 순간이 있었는데, 공동체와 사치스런 향락이 없는 사회에서 그것은 가능하지 않다.[1] 이 사회의 일반화된 거짓 축제들 — 대화와 증여에 대한 서투른 흉내들 — 은 경제적 소비의 잉여를 유발하지만, 이 축제들은 언제나 또 다른 실망으로 보답하는 실망만을 가져다준다. 현대의 생존 시간은 그 사용가치가 축소될수록 스펙타클을 통해 그만큼 더 큰 목소리로 자화자찬한다. 시간의 세계가 시간의 **광고**로 대체된다.

---

1. 테제 128의 주를 참조할 것.

155

고대사회에서 순환적 시간의 소비는 그 사회의 실제 노동과 일치했던 반면에, 선진 경제에서 가장된 순환적 소비는 생산의 추상적인 불가역적 시간과 모순된다. 순환적 시간이 진정으로 경험되는 불변적 환상의 시간이었던 반면, 스펙타클적 시간은 눈속임으로 경험되는 변화하는 현실의 시간이다.

156

소비에서는 사물들의 생산과정에서 언제나 새로웠던 것을 되찾을 수 없다. 소비는 줄곧 동일한 것의 확대된 회귀에 그친다. 죽은 노동이 살아 있는 노동을 계속 지배하기 때문에 스펙타클적 시간에서는 과거가 현재를 지배한다.

157

일반적인 역사적 삶이 지니고 있는 결함의 다른 측면은 개인적 삶이 아직 역사를 가지고 있지 않다는 점이다. 스펙타클적

극화(劇化) 속에 밀려드는 가장된 사건들은 이 사건들에 대해 알고 있는 사람들이 직접 경험하는 사건들이 아니다. 게다가 이 개인들은 스펙타클적인 기계장치가 매번의 충동마다 성급하게 대체하는 새로운 사건들의 남발 속에서 길을 잃는다. 한편, 실제로 직접 경험된 것은 사회의 공인된 불가역적 시간과 관계가 없으며, 또한 그것은 이 불가역적 시간의 소비 가능한 부산물의 가장된 순환적 리듬과 직접적으로 대립된다. 분리된 일상생활에서의 개인적 경험은 언어나 개념이 부재한 채로, 이를테면 어느 곳에서도 기록되지 않은 자신의 과거에 대한 비판적 접근도 없는 채로 존속한다. 개인적 경험은 소통되지 않는다. 개인적 경험은 기억할 만한 가치가 없는 스펙타클적인 가장된 기억을 위해 진가를 인정받지 못하고 망각된다.

158

스펙타클은 역사와 기억을 마비시키고 역사를 유기하는 현재의 사회조직이다. 스펙타클은 역사적 시간의 토대 위에 건립되는 시간의 허위의식이다.

159

노동자를 상품-시간의 "자유로운" 생산자와 소비자의 지위로 인도하는 데 필요한 전제 조건은 노동자의 시간의 강제 몰수이다.[2] 시간의 스펙타클적 회귀는 생산자에 대한 이러한 최초의 소유권 박탈에 의해 비로소 가능해졌다.

160

노동 속에 있는 확고부동한 생물학적 부분 — 자연의 순환에 따라 깨어나고 수면을 취해야 하며 개인의 불가역적 시간에 따라 어쩔 수 없이 쇠약해지는 신체와 같은 — 은 현대적 생산의 관점에서 보면 한낱 부차적인 것에 지나지 않는다. 그래서 이러한 요인은 생산 활동과 소비할 수 있는 전리품 — 이는 생산 활동의 계속적인 승리를 쉽게 이해하도록 하는 표현물이다 — 의 공식 선포 속에서 무시된다. 관객의 의식은 자신이 사는 세상에서 그[세상의] 운동의 왜곡된 중심에 묶여 자신의 삶이 어떻게 실현되며, 어떻게 죽음을 향해 나아가는지 인식하지 못한다. 삶의 소비를 포기하는 사람은 죽을 자격도 갖지 못한다. 생명보

---

2. 마르크스의 『자본』의 전용.

험 광고는 경제적 손실[죽음] 이후의 체계 안정을 도모하지는 않고 사람들이 죽는 것은 비난받아 마땅하다는 사실만을 암시할 뿐이다. 그리고 **미국식 죽음의 방식**에 대한 광고는 사람들이 가장 많은 생명의 **흔적**을 간직한 채로 죽음을 맞이할 수 있다고 강조한다. 쏟아지는 광고들이 전면에 내세우는 것에 따르면 늙음은 분명하게 금지되어 있다. 중요한 것은 모든 사람들이 "젊음-자본"을 마련하는 것이다. 이 젊음-자본을 잘못 사용한 사람은 결코 금융자본의 지속적인 누적 이익이 주는 생활을 영위할 수 없다. 이처럼 사회적 죽음이 부재하다는 것은 사회생활이 부재하다는 것과 다르지 않다.

161

헤겔이 지적하는 것처럼, 시간은 **필연적인 소외**이다. 이 환경 속에서 주체는 자기를 상실하면서 자기를 실현하며, 자신의 진리가 되기 위해 타자가 된다. 그러나 이것의 대립물은 바로 소외된 현재의 생산자가 감내하는 지배적인 소외이다. 이러한 공간적 소외 속에서 사회 — 사회는 주체와 이 주체에게서 탈취하는 활동을 근원적으로 분리시킨다 — 는 주체를 그의 시간으로부터 분리시킨다. 지양할 수 있는 사회적 소외는 시간 속의 살아 있는 소외의 가능성과 위험성을 금지하고 화석화시키는 소외이다.

162

관조되는 가장된 순환적 시간의 무의미한 표면 위에서 폐기되고 그리고 재구성되는 허울뿐인 유행 아래, 시대의 위대한 양식[3][문체]은 언제나 확실하고도 은밀한 혁명의 필연성에 의해 방향 지어진 것 속에 있다.

163

시간의 자연적 토대 — 시간의 흐름의 감각적인 여건 — 는 인간을 위해 존재함으로써 인간적이며 사회적인 것이 된다. 인간적 실천의 제한된 조건, 즉 각 단계의 노동이 순환적 시간이나 경제적 생산을 위한 불가역적인 분리된 시간에서 그랬던 것처럼 지금까지 시간을 인간화하거나 또는 비인간화해 왔다. 계급 없는 사회와 보편적인 역사적 삶을 위한 혁명 기획은 개인과 집단의 불가역적 시간의 유희적인 모형 — 이 모형 안에는 **연합된 독립적인 시간들이 동시에 존재한다** — 을 위해 시간의 사회적 척도를 쇠퇴시키는 기획이다. 바로 이것이 시간 속에서 "개인과 관계없이 존재하는 모든 것"[4]을 제거하고자 하는 코뮌주

3. 테제 204를 참조할 것.
4. 마르크스와 엥겔스의 『독일 이데올로기』의 인용.

의의 총체적 실현을 위한 프로그램이다.

164

세계는 이미 오래전부터 시간의 꿈을 가지고 있다. 세계가 그 것을 정녕 경험하려면 이제 시간의 의식을 소유해야 한다.[5]

---

5. 마르크스가 루게에게 보낸 서신(1843년 9월)의 전용: "세계는 오래전부터 사태(사물)의 꿈을 가져왔다. 세계가 그것을 정녕 소유하려면 그것에 대해 자 각만 하면 된다."

VII. 영토의 구획

"자유로운 생활양식에 익숙해 온 도시국가의 지배자가 된 자는 그 도시를 파멸시켜야 하며, 그렇지 않으면 그 도시에 의해서 도리어 자신이 파멸될 것을 각오해야 할 것입니다. 왜냐하면 그 도시는 반란을 일으킬 때, 시간의 흐름과 새로운 지배자가 부여한 이익에도 불구하고 결코 잊혀지지 않은 자유의 이름과 고래의 제도를 항상 명분으로 삼을 수 있기 때문입니다. 지배자가 무엇을 하든지, 어떠한 조치를 취하든지 간에, 지배자 스스로가 내분을 조장하거나 주민들을 분산시켜 놓지 않으면, 그들은 결코 자유라는 이름과 고래의 제도를 망각하지 않을 것입니다…."

— 마키아벨리, 『군주론』*

---

* 마키아벨리, 『군주론』, 이탈리아어 번역 강정인, 김경희, 까치, 2013, 39-40쪽.

165

자본주의의 생산은 공간을 통일시킨다. 외부 사회들은 더 이상 이 공간에 제약을 가할 수 없다. 이 공간은 광범위하고 집중적인 **보편화** 과정이다. 시장의 추상적 공간을 위해 대량생산된 상품들의 축적은 모든 지역적·법적 장벽을 무너뜨리고 수공업적 생산의 **품질**을 유지시켜 왔던 중세적 동업 조합의 한정된 생산을 무력화하며, 종국에는 지역들의 자율성과 특성을 폐기시킨다. 이런 동질화의 위력은 중국의 모든 성벽들을 무너뜨리는 대형 포대(砲隊)와 같다.[1]

166

상품의 자유로운 공간은 항상 변함없이 그대로 있고자 하며, 움직임 없는 무변화로 최대한 접근하고자 한다. 그래서 이 공간은 끊임없이 변경되고 재구축된다.

---

1. 마르크스와 엥겔스의 『공산당 선언』의 인용.

167

사회는 지리적 거리를 철폐하지만, 스펙타클적 분리로써 내부적 거리를 수용한다.

168

상품 유통의 부산물인 관광 — 소비로 간주되는 인간들의 왕래 — 은 진부한 것을 구경 가는 여가 활동으로 근본적으로 귀착된다. 상이한 장소들의 빈번한 방문에 대한 가격 조정은 이미 그 자체로 그 장소들의 등가성을 나타내고 있다. 여행에서 시간을 박탈한 현대화는 이번에는 공간의 현실성을 박탈한다.

169

사회는 일체의 주변 환경을 조성하면서 자신의 영토를 형성하는 데 필요한 특별한 기술, 이를테면 일련의 과업들의 구체적 토대 — 영토 — 를 가공하기 위한 특별한 기술을 구축한다. 도시계획은 자본주의에 의한 자연·인간 환경의 점유를 의미한다. 자본주의는 절대적인 지배 논리에 따라 발전하면서 이제 **자신의 무대장치**처럼 공간 전체를 개조할 수 있으며, 또 그렇게 하지 않으면 안 된다.

170

삶의 가시적인 동결로서의 도시계획 속에서 충족되는 자본주의적 필요는 헤겔의 용어를 인용하면 "연속되는 시간 속의 불안한 생성"에 대한 "공간의 평온한 공존"[2]의 절대적 우위로 표현될 수 있다.

171

자본주의 경제의 모든 기술력이 분리를 초래하는 것으로 이해된다면, 도시계획의 경우는 이 기술력의 전반적인 토대를 위한 시설, 이 기술력의 전개에 적합한 토지의 가공, 즉 **분리의 기술**과 관계한다.

---

2. 헤겔의 『철학적 예비학(*Propédeutique philosophique*)』의 인용.

172

도시계획은 계급의 권력 수호를 위한 부단한 과업 — 도시의 생산 조건이 위험하게 **집결시킨** 노동자들의 원자화 상태의 유지 — 의 현대적 실현이다. [노동자들의] 가능한 모든 형태의 접촉에 맞서 수행되는 지속적인 싸움은 도시계획에서 특권적인 영역을 발견한다. 프랑스혁명의 경험 이래로 기존의 모든 권력은 거리의 질서를 강화시키는 수단을 찾으려고 노력해 왔고, 이 노력은 마침내 거리의 철폐 방안에서 그 정점에 도달한다. 루이스 멈포드[3]는 『역사 속의 도시』에서 "앞으로의 일방통행의 세계"를 기술하면서 "원거리의 대중 커뮤니케이션 수단과 함께 인구의 고립은 아주 효과적인 통제 수단임이 사실로 확인된다"라고 지적하고 있다. 그러나 고립을 향한 보편적 운동 — 이것이 도시계획의 현실이다 — 에는 계획화할 수 있는 생산과 소비의 필요에 따른 노동자들의 통제된 재통합이 반드시 포함돼야 한다. 체계 속의 통합은 고립된 개인들을 함께 **고립된** 개인들로서 다시 포획해야 한다. 예컨대 문화 회관으로서의 공장, "[산업] 단지"로서의 바캉스촌은 이러한 가장된 공동체의 목표를 위해 특별히 조직된다. 이 공동체는 또한 고립된 개인을 **가족 세포** 속으로 동반한다. 스펙타클적 메시지를 위한 수신 기기들의 일반

---

3. 루이스 멈포드(Lewis Mumford, 1895-1990)는 역사가, 문명 비평가로서 펜실베이니아 대학교의 교수로 재직했다. 그의 저서로는 『유토피아 이야기』, 『역사 속의 도시』(1961) 등이 있다.

적인 사용은 고립된 개인을 지배적인 이미지들 — 이미지는 오직 고립 속에서 절대적 힘을 획득한다 — 로 가득 채운다.

173

과거에는 지배계급의 만족을 위해 마련됐던 새로운 건축물이 처음으로 가난한 사람들을 직접적인 목표로 하여 마련된다. 이 주거지는 빈약하기 짝이 없고 놀라울 정도로 빠른 속도로 확산되고 있다. 이것은 이 주거지의 용도와 현대의 건축 조건과 관련된 **대중적** 성격에서 비롯된다. 영토를 추상적 영토로 추상적으로 개발하는 **권위주의적 결정**이 분명히 현대의 건축 조건의 중심에 있다. 동일한 건축물이 이 분야에 뒤처져 있는, 산업화를 시작하는 모든 국가들에서 등장하고 있다. 이 나라들은 마치 새로운 유형의 사회생활에 적합한 장소인 것처럼 이 주거지를 이식하고 있다. 핵무장이나 출산율 — 출산율은 이미 유전조작이 가능한 상태에까지 이르러 있다 — 의 문제만큼이나 명확하게, 위험 수위를 넘은 사회의 물질적 권력의 성장과 이 물질적 권력을 통제해야 한다는 자각의 **지연**이 도시계획 속에 표출되고 있다.

174

현 시기는 이미 도시환경이 스스로를 파괴하고 있는 시기이
다. 도시의 분산이 농촌을 "다량의 추한 도시 찌꺼기들"(루이스
멈포드)로 뒤덮고 있다. 소비의 강제가 직접적인 방식으로 그것
을 선도하고 있다. 자동차 ― 상품 과잉의 첫 번째 국면을 선도
하는 상품 ― 의 독재는 고속도로의 지배와 함께 지면 속에 새
겨진다. 고속도로는 옛 중심지들을 와해시키면서 계속해서 더
진격하라고 분산을 명령한다. 동시에 도시 배치의 미완으로 남
겨진 재조직 단계들이 "유통 공장들" ― **주차장** 시설과 함께 빈
터에 자리 잡은 초대형 **슈퍼마켓들** ― 을 중심으로 일시적으로
집중된다. 소비의 사원(寺院)들은 원심력 운동에 의해 성급하게
점점 멀리 나아간다. 이 사원들이 도시권을 부분적으로만 재구
성하기 때문에 용량이 초과되어 부차적인 중심지가 되고 만다.
그래서 원심력 운동이 또다시 이 사원들을 떠밀어낸다. 소비를
위한 기술적 조직은 이처럼 도시를 **스스로 소비하게 이끄**는 전
반적인 해체의 전경(前景)에 불과할 따름이다.

175

경제사는 도시와 농촌을 계속 대립시키면서 발전하는 가운데

마침내 양자를 폐기하는 성공의 단계에 이른다. 오직 경제의 독립적 운동의 추구에 기인한 오늘날의 총체적 역사 발전의 **마비**는 이 시기 — 도시와 농촌이 사라지기 시작하는 시기 — 가 양자의 분할을 **지양하도록 하는 것**이 아니라 와해하도록 조장하고 있다. 도시와 농촌의 상호적인 파손은 역사적 운동의 실패의 산물 — 역사적 운동은 마땅히 현재의 도시 현실을 지양했어야 했다 — 로서 양자의 와해된 요소들이 절충된 혼합물 속에 나타난다. 이 혼합물이 가장 발전된 산업화 지역을 뒤덮고 있다.

176

보편적 역사는 도시와 함께 탄생하며, 농촌에 대한 도시의 결정적 승리 이후에 성년기에 도달한다. 마르크스는 부르주아지의 가장 큰 혁명적 공로 중 하나는 "농촌을 도시에 예속시킨 것"[4]이라고 지적한다. 도시의 대기는 해방된다. 도시의 역사는 자유의 역사이다. 하지만 그것은 동시에 폭정의 역사이며 농촌과 도시를 통제하는 국가 행정의 역사이기도 하다. 도시는 여전히 역사적 자유를 획득하지 못한 채 그것을 위한 투쟁의 현장으로 존속하고 있다. 도시는 **역사의 중심**이다. 도시는 역사적 과업을 가능하게 하는 사회적 권력이 집중된 장소이며 과거의 의

---

4. 마르크스와 엥겔스의 『공산당 선언』의 인용.

식이 있는 곳이다. 따라서 도시를 제거하는 현재의 경향은 경제를 역사적 의식에 종속시키고 사회로부터 분리된 권력들을 다시 포획하는 사회의 통일이 지체되고 있음을 의미한다.

177

"농촌은 바로 반대되는 사실, 즉 고립과 분리를 보여 준다" (『독일 이데올로기』). 도시계획은 도시를 파괴하면서 가장된 **농촌**을 재건한다. 이곳에서는 옛 농촌의 자연적 관계는 물론이고 역사적 도시가 직접적으로 당면하고 있는 사회적 관계가 상실된다. 새로운 인위적 농민들이 주거와 스펙타클적 통제의 조건에 의해 오늘날의 "개발된 영토" 속에 다시 만들어지고 있다. 공간 속의 분산과 편협한 사고방식은 농민들이 독립적 행동을 취하고 역사의 창조적 힘에 의해 자신들의 존재를 입증하는 것을 지속적으로 방해해 왔다. 이러한 분산과 사고방식이 다시 생산자들의 특성이 되고 있다. 생산자들이 만드는 세계의 변화는 농경 사회의 노동이 자연의 변화 앞에 그랬던 것처럼 그들의 이해 범위를 철저하게 벗어나 있다. 농민들은 "동양적 전제주의"[5]의 흔들리지 않는 토대였으며, 이들의 분산은 관료주의적 중앙집권

---

5. 이 표현은 독일 출신의 미국 사회학자 카를 비트포겔(Karl Wittfogel, 1896-1988)이 출간한 『동양적 전제주의』에서 유래한다. 저자는 이 책에서 마르크스주의의 입장에서 중국 사회를 분석하고 있다.

화를 초래했다. 그러나 농민들이 현대 국가에서 관료주의화의 성장 조건의 산물로 재출현할 때, 이들의 **무력함**은 이제 **역사적으로 만들어지고 유지된다.** 자연에 관한 무지는 그릇된 신앙으로 계획된 스펙타클로 대체되고 있다. 그리고 기술공학적인 가장된 농민들의 "신도시들"은 역사적 시간과의 결별을 그것들이 건립된 영토 속에 뚜렷하게 새겨 넣는다. "이곳은 조용한 곳이야, 어떤 사건도 일어나지 않아." 어쩌면 이것이 이곳의 슬로건일 것이다. 역사 부재의 세력들이 자신들만의 풍경을 구축하기 시작하는 것은 틀림없이 도시들에 인도되어야 할 역사가 아직 인도되지 않았기 때문이다.

178

이 황혼의 세계를 위협하고 있는 역사는 공간을 경험적 시간에 종속시킬 수 있는 힘이기도 하다. 프롤레타리아 혁명은 **인문 지리를 위한 비판**이다. 개인과 공동체는 이 비판을 통해 노동의 전유뿐만 아니라 총체적 역사의 전유에 부합하는 지형들과 사건들을 구축해야 한다. 승부의 유동적인 공간 속에서 그리고 승부의 규칙에서 자유롭게 선택한 변주 속에서, 장소의 자율성은 토지에 대한 배타적인 애착을 다시 도입하지 않고서도 재발견될 수 있다. 이것을 통해 여행의 현실, 즉 자체 내에 모든 의미를 함축하고 있는 여행으로 이해되는 삶[*]의 현실이 회복될 수 있다.

179

도시계획에 관한 가장 중요한 혁명적 구상은 도시계획, 공학 또는 미학적인 것과 무관하다. 이 구상은 노동자 평의회의 권력, 프롤레타리아의 반국가적 독재, 집행력 있는 협상의 요구에 의해 영토를 전체적으로 재건하는 결정과 관계 있다. 평의회 권력은 기존 조건의 총체를 변형하는 한에서 유효하다. 이 권력이 인정받고자 하고, 자신의 세계 속에서 **자신**을 인정하고자 한다면 이보다 더 작은 과업을 떠맡을 수 없다.

---

6. 스위스 근위병의 노래 암시: "삶은 여행이야…/겨울과 밤을 관통하며/우리는 길을 찾는다/칠흑 같은 하늘 아래서…(Notre vie est un voyage/Dans l'hiver et dans la Nuit/Nous cherchons notre passage/Dans le Ciel où rien ne luit.)

VIII. 문화 속에서의 부정과 소비

"이 독일인들과 같은 시대를 살고 있는 우리가 정치 혁명을 목도할 때까지 살아 있을까요? 벗이여, 당신은 그것이 실현될 것이라고 믿고 있습니다…. 현재의 독일 역사에 비추어 보면, 이 나라의 모든 역사는 왜곡됐으며 오늘날의 공적 생활은 인민의 실제 상황을 대변하지 못하고 있습니다. 당신도 이 사실을 부정하지 않겠지요? 아무 신문이나 한번 들춰 보십시오. 사람들은 우리가 누리고 있는 자유와 국민적 행복을 찬양하는 것을 — 검열도 이것을 멈추게 하지 못한다는 사실에 당신도 동의할 것입니다 — 그치지 않을 것임을 당신도 확신하게 될 것입니다.

— 루게, 「마르크스에게 보낸 서신」(1843년 3월)

180

문화는 계급으로 분할된 역사적 사회 속에서 지식과 경험의 표상에 관한 전반적 영역이다. 다시 말해, 문화는 지적 분업과 분리된 지적 노동으로서 **독자적으로** 존재하는 일반화의 권력이다. "통일의 능력이 인간의 삶에서 소멸하고 대립물들이 자신들의 활기 넘치는 관계와 상호작용을 상실하면서 자율성을 획득할 때," 문화는 신화의 사회가 지녔던 단일성으로부터 떨어져 나간다(헤겔, 『피히테와 셸링 철학체계의 차이』). 문화는 자유를 획득하면서 제국주의적 치부(致富) 운동 ─ 이는 동시에 문화가 누리는 자유의 쇠퇴이기도 하다 ─ 을 시작한다. 역사는 문화의 상대적 자율성과 이 자율성에 관한 이데올로기적 환상을 만드는 문화사로 발현된다. 정복의 문화사는 자신의 무능을 드러내는 역사로서, 자기 제거를 향한 행진으로서 이해될 수 있다. 문화는 잃어버린 단일성을 탐구하는 장소이다. 이 탐구 과정에서 분리된 영역으로서의 문화는 자신을 부정할 수밖에 없다.

181

전통과 혁신 간의 투쟁[1]은 역사적 사회에서 문화의 내적 발전 원리이다. 이 투쟁은 혁신의 영속적인 승리를 통해서만 지속될 수 있다. 하지만 오직 총체적인 역사적 운동만이 문화의 혁신을 이끌어 갈 수 있다. 이 운동은 자신의 총체성을 자각하면서 문화적 전제들의 지양과 모든 분리의 폐기를 향해 나아간다.

182

사회의 지식의 급속한 발전 — 이 지식에는 문화의 중추로서 역사에 대한 이해가 포함돼 있다 — 은 신의 폐기로 표현되는 돌이킬 수 없는 하나의 인식을 추출한다. 그러나 이 "모든 비판의 첫 번째 조건"[2]은 끝없이 계속되는 비판의 첫 번째 의무이기도 하다. 행동의 원칙이 더 이상 유지될 수 없을 때, 문화의 각 **결과물**이 문화를 와해로 이끌어 가기 때문이다. 자율적이 된 모든 학문은 절대적인 자율성을 막 획득했을 때의 철학처럼 무엇보다도 먼저 사회의 총체성을 모순 없이 설명한다는 거만함에 의해, 그리고 궁극적으로는 고유의 분야에서만 활용되는 분업화된 도

---

1. 해럴드 로젠버그(Harold Rosenberg)의 『새로운 것의 전통』(1959)의 전용.
2. 마르크스의 『헤겔 법철학 비판』의 인용.

구 자체로서 와해될 수밖에 없다. 분리된 문화의 **합리성 결여**는 이 문화의 소멸을 선고하는 요소이다. 합리적인 것의 승리는 이 문화 속에 이미 의무적 요건으로 존재하고 있기 때문이다.

183

문화는 낡은 세계의 생활방식을 붕괴시킨 역사에서 탄생한다. 그렇지만 분리된 영역으로서의 문화는 여전히 **부분적으로 역사적인** 사회 속에서 부분적으로 존속하는 지성과 감각적인 소통에 불과하다. 문화는 이치에 아주 어긋난 세계의 관점[의미]이다.

184

문화사의 종말[3]은 상반된 두 가지 측면 — 하나는 총체적 역사 속에서 문화의 지양이라는 기획, 다른 하나는 스펙타클적 관조 속에 사물(死物)로서 문화를 보존하는 조직 — 으로 표면화된다. 전자는 사회 비판으로 그 운명이 결정되며, 후자는 계급

---

3. 헤겔의 『정신현상학』의 역사의 종언 암시.

권력의 방어와 관계한다.

185

　문화의 종말의 두 측면이 지식들과 감각적인 표상들 — 일반적 의미에서 예술 — 속에서 각각 단일한 방식으로 존재한다. 첫 번째 경우에는 부분적인 지식들의 축적과 실천 이론이 서로 대립한다. 부분적인 지식은 쓸모없게 되는데, 기존 조건들에 대한 동의가 종국에 가서는 이 지식들을 포기하게 만들기 때문이다. 지식 활용의 비밀을 알고 있는 실천 이론만이 오로지 모든 지식의 진리를 보유하고 있다. 두 번째 경우에는 과거에 통용됐던 사회의 공통 언어에 대한 비판적인 자기 파괴와 상품 스펙타클 — 경험과 무관한 가공의 표상 — 속에서 이 언어의 인위적인 재구성이 서로 대립한다.

186

　신화적 사회의 공동체적 성격을 상실한 사회는 비활동적인 공동체의 분열이 진정한 역사 공동체의 출범에 의해 극복되는 순간까지 진정한 공통 언어의 모든 준거들을 잃게 된다. 예술

— 과거에 통용됐던 비활동적인 사회의 공통 언어 — 은 현대적 의미에서 독립적인 예술의 지위를 획득하자 곧바로 자신의 근원인 종교적 세계로부터 빠져나와 분리된 작품들을 위한 개별적 생산이 된다. 예술은 특수한 사례로서 분리된 문화 전체의 역사를 지배하는 운동을 경험한다. 예술의 독립 선언은 예술의 와해의 시작이다.

187

소통의 언어가 자취를 감추었다. 모든 예술의 현대적 와해 운동, 이를테면 예술의 명백한 소멸이 바로 그것을 **긍정적으로** 표현하고 있다. 이 운동이 **부정적으로** 표현하고 있는 것은 바로 공통 언어를 되찾아내야 한다는 사실이다. 이 공통 언어는 일방적인 결론 속에서 되찾을 수 없다. 이 결론은 역사적 사회의 예술이 되기에는 **언제나 너무 늦게 당도하며**, 진정한 대화 없이 경험된 것을 **타인들**에게 이야기하고 삶의 결핍을 용인한다. 이 공통 언어는 실천 속에서, 즉 직접적인 활동과 이 활동에 관한 언어를 한데 집결시키는 실천 속에서 되찾아내야 한다. 관건이 되는 것은 대화의 공동체와 시적-예술적 작품들이 **표상하는** 시간과의 유희를 실제로 누리는 것이다.

188

독립적이 된 예술이 눈부신 색채로 자신의 세계를 표상함에도 불구하고 삶의 시간들은 노쇠하고 만다.[4] 눈부신 색채가 젊음을 되찾게 해주는 것은 아니다. 그것은 단지 추억 속에서 환기될 뿐이다. 예술의 위대함은 삶의 황혼에서만 나타나기 시작한다.

189

예술을 사로잡고 있는 역사적 시간은 **바로크 시대**를 시발점으로 하여 먼저 예술 영역 속에서 표현된다. 바로크 예술은 구심점을 상실했던 한 세계의 예술이다. 중세를 지배했던 세계와 세속적 권력 속의 마지막 신화적 질서 — 기독교 세계의 단일성과 제국의 환영 — 는 사라진다. **변화의 예술**은 자신이 세계 속에서 발견하는 무상(無常)의 원리를 표현하지 않을 수 없다. 에우헤니오 도르스[5]가 지적하듯이, 예술은 "영원함에 대항한 삶"

4. 헤겔의 『법철학』 「서문」의 전용: "철학이 회색의 현실을 회색으로 덧칠할 때마다 삶의 형상은 노쇠하고 만다. 이러한 덧칠은 삶의 형상에 젊음을 가져다주지 않으며, 단지 그 진상을 인식하게 할 뿐이다. 미네르바의 부엉이는 황혼이 깃들 무렵에야 비로소 날기 시작한다."
5. 에우헤니오 도르스(Eugenio D'Ors, 1882-1954)는 20세기 스페인을 대표

을 선택한다. 연극과 축제 ― 연극 축제 ― 는 바로크 예술의 주요한 순간이다. 연극 축제에서 모든 개별적인 예술적 표현은 하나의 설치된 장소인 무대를 통해, 다시 말해 그 자체로 단일성의 중심을 이루어야 하는 구조물에 대한 준거를 통해서만 의미를 가진다. 이 중심은 **통로**[복도]인데, 이 통로는 역동적 무질서 속에서 모든 것으로부터 위협받고 있는 균형을 나타낸다. 오늘날의 미학 토론에서 바로크라는 개념에 관해 종종 지나치게 부여하는 중요성은 예술적인 고전주의의 불가능성에 대한 자각을 표현하고 있다. 지난 3세기 이래로 규범적인 고전주의나 신고전주의를 위한 노력은 국가의 피상적인 언어, 즉 절대왕정이나 로마식으로 외장(外裝)을 한 혁명적 부르주아지의 피상적인 언어로 말하는 부자연스런 간결한 구성물들에 불과했다. 낭만주의에서 입체파에 이르기까지 바로크 예술의 전반적인 성향을 승계하는 것은 결국 한층 더 끊임없이 개체화되는 부정의 예술이다. 이 부정의 예술은 예술적 영역의 세분화와 완전한 부정에 이르기까지 계속해서 재생된다. 역사적 예술은 최후의 귀족계급들이 여전히 부분적으로 향유했던 유희 환경 속에 자신의 준독립적인 사회적 기반을 가지고 있던 상류층 내부의 소통과 관계를 맺고 있었다. 이 역사적 예술의 소멸은 자본주의가 모든 존재론적 특질에서 벗어났다고 고백하는 최초의 계급 권력을 갖게 된다는 사실과 관계한다. 자본주의 권력은 경제의 단순한 관리 속에 뿌리를 내리는데, 이는 모든 것에 대한 인간적 **지배**

하는 사상가이다. 그의 『바로크론』(1944)은 바로크 미술에 대한 해석과 비판을 담은 명저이다.

력의 상실을 의미기도 한다. 바로크 예술의 총체는 예술적 **창조**의 관점에서 보면 오래 전부터 상실한 단일성을 나타내고 있다. 어떤 면에서 이 총체는 과거의 모든 예술에 관한 오늘날의 소비 속에서 재발견되고 있다. 과거의 모든 예술이 회고적으로 세계의 예술로 구성되고 있다. 이러한 역사적 인식과 인정은 전반적인 혼란 속에서 바로크 예술을 상대화한다. 그래서 한층 높은 수준으로 바로크 예술 체계가 구성되며, 이 체계 속에 바로크 예술 작품들과 그것의 부활을 알리는 작품들이 뒤섞인다. 모든 문명과 모든 시대의 예술 전체가 처음으로 알려지고 인정받게 된다. 이것은 일종의 예술사 "기념품들의 재수집"이다. 이것은 또한 **예술 세계의 종말**을 의미하기도 한다. 어떠한 예술적 소통도 더 이상 존재할 수 없는 박물관의 시대에는 과거 예술의 모든 순간들이 용인될 수 있다. 왜냐하면 **일반적인 소통의 조건**을 상실한 오늘날에 과거 예술의 어떤 순간도 개별적인 소통 조건의 상실로 인해 더 이상 괴로움을 겪지 않기 때문이다.

190

예술이 와해되고 있는 시기의 예술은 역사를 아직 경험하지 않은 역사적 사회 속에서 예술의 지양을 추구하는 부정적 운동이다. 예술은 변화의 예술이면서 동시에 불가능한 변화의 순수한 표현이기도 하다. 예술의 욕망이 거창하면 할수록 그 진정한 실현은 그만큼 더 자신의 능력을 벗어난다. 이 예술은 필연적으로 아방가르드적일 수밖에 없는데, 이 예술은 **존재하지 않는다**. 예술의 아방가르드는 예술의 소멸을 의미한다.

191

다다이즘과 초현실주의는 현대 예술의 종말을 나타내는 두 개의 사조이다. 두 사조는, 비록 자각적 방식에 국한되기는 했지만, 프롤레타리아 혁명운동의 최후의 대공세를 동반했다. 프롤레타리아 혁명운동의 실패는 예술의 폐기를 주장했던 두 사조를 예술의 영역에 감금시킨다. 이것이 두 사조가 정체된 주된 원인이다. 다다이즘과 초현실주의는 역사적으로 서로 결합하면서 동시에 대립한다. 이러한 대립이 두 사조의 기여에 관한 가장 일관되고 급진적인 부분을 구축한다. 하지만 이 대립 속에서 한 측면에서만 전개되는 두 사조의 비판의 내적 결함이 나타난다. 다다이즘은 **예술의 실현 없이 예술을 폐기**하고자 하고, 초현실주의는 **예술의 폐기 없이 예술을 실현**하고자 한다.[6] 상황주의자들이 이후에 심사숙고하여 구상한 비판적 입장은 예술의 폐기와 실현이 동일한 예술의 지양을 위한 분리할 수 없는 측면

---

6. 마르크스의 『헤겔 법철학 비판』의 전용: "우리는 이 당파에 대한 상세한 묘사를 보류하겠다. 이 당파의 근본적인 오류는 다음과 같이 표현할 수 있다: 이 당파는 철학의 폐기 없이 철학을 실현할 수 있다고 믿는다."

들임을 입증한다.

192

스펙타클적 소비는 동결된 옛 문화와 이 문화의 부정적인 표명에 입각하여 재활용되는 반복을 보존한다. 그래서 스펙타클적 소비는 문화 영역 안에서 공공연하게 [이 소비가] 자신의 총체성 안에서 은연중에 존재하고 있는 모습, 즉 **소통 불가능한 것의 소통**이 된다. 여기에서 언어의 극심한 파괴는, 지배적인 상황과의 화해를 과시하는 것이 중요하기 때문에, 공식적인 긍정적 가치로서 평범하게 인정될 수 있다. 그래서 이러한 지배적인 상황에서 일체의 소통이 부재함이 유쾌하게 선포된다. 이 파괴에 관한 비판적 진실 — 현대 시와 현대 예술의 진정한 생명력 — 은 명백하게 은폐돼 있다. 왜냐하면 **문화** 속에서 **역사를** 망각하게 하는 기능을 갖는 스펙타클이 모더니즘적 수단을 통한 가장된 독창성 속에 자신을 심층적으로 구성하는 전략을 적용하고 있기 때문이다. 예를 들면, 새로운 문학사조는 작품을 그 자체로 응시할 뿐이라고 주장하면서 스스로를 혁신적인 것으로 자처한다. 이는 소통 가능한 것의 와해는 그 자체로 충분히 아름다운 것이라는 순박하기 짝이 없는 선언이다. 게다가 스펙타클적 문화의 가장 현대적인 경향 — 그리고 사회의 조직 일반에 의한 억압적인 활동과 가장 밀접하게 결합된 경향 — 은 "합동 작업"

을 통해 와해된 요소들에 입각해서 복잡한 신예술적 환경을 구축하고자 한다. 이 합동 작업은 예술적 잔해들의 통합이나 도시계획 속의 미학적-기술적 혼합물들에 대한 탐구를 목적으로 한다. 이러한 경향은 스펙타클적인 가장된 문화의 관점에서 선진 자본주의의 전반적인 기획을 나타내고 있다. 이 기획은 최근에 미국 사회학자들(리스먼,[7] 화이트[8] 등)이 그러한 경향을 지적하고 있듯이, 분업화된 노동자를 "집단 속에 잘 통합된 인격체"로서 재포획하는 것을 겨냥한다. **공동체 없는 재구성을 위한 동일한 기획이 도처에 편재한다.**

193

완전히 상품이 된 문화는 또한 스펙타클 사회를 선도하는 상품이 된다. 이런 경향에 관해 가장 독보적인 이데올로그 중 한 사람인 클라크 커[9]는 지식의 생산, 유통과 소비의 복잡한 과정

---

7. 데이비드 리스먼(David Riesman, 1909-2002)은 앞에서 언급된 『고독한 군중』을 저술한 미국의 사회학자이다. 그는 국가독점자본주의의 관점에서 현대 미국의 사회심리와 그 문화의 특징을 규명하는 대중사회론을 전개했다.

8. 윌리엄 화이트(William Whyte, 1914-2000)는 미국의 사회학자이다. 그는 인포멀한 제1차 집단에 항상 관심을 가지고, 소년 갱단, 레스토랑의 종업원 상호 간의 관계, 종업원과 고객의 인간관계, 제너럴 모터스의 노사관계 등에 관한 연구를 수행했다.

9. 클라크 커(Clark Kerr, 1911-2003)는 캘리포니아 대학의 총장을 역임했던 미국의 경제학자이다.

이 이미 미국의 연간 국민생산의 29%를 차지하고 있다고 추산
한다. 그는 금세기 후반기에는 문화가 경제 발전을 견인하는 역
할을 할 것이라고 예측한다. 금세기 전반기에는 자동차가, 그리
고 19세기 후반기에는 철도가 그러한 역할을 수행했다.

194

지식의 총체는 스펙타클에 대한 사유로서 현재 계속 발전하고
있다. 지식의 총체는 어떠한 입증도 없이 사회를 정당화해야 하
며, 허위의식을 위한 일반 과학이 된다. 이 사유는 스펙타클 체
계 속의 자신의 물질적 토대를 숙고할 능력도 없고 또 그렇게
할 의지도 없다는 사실에 의해 완전히 조건 지어져 있다.

195

가상[외양]에 대한 사회 조직 이론은 자신이 옹호하는 보편화
된 **소통의 아류**에 의해 모호해진다. 이 이론은 갈등이 모든 사태
의 원인임[10]을 의식하지 못한다. 스펙타클의 권력 — 반박할 수

---

10. 헤라클레이토스의 『단장(斷章)』 53의 전용: "전쟁은 만물의 아버지이다."

없는 스펙타클의 언어 체계 내부의 절대적 권력 — 의 전문가들
은 경멸의 언동과 이 경멸의 성공으로 인해 절대적으로 부패하
게 된다. 왜냐하면 이들은 자신들의 경멸이 **경멸당할 만한 인간**
— 진정한 관객 — 의 지식에 의해 확인됨을 목격하기 때문이다.

196

스펙타클 체계의 개선 방식에 새로운 문제들이 제기됨에 따
라 업무의 새로운 분할이 이 체계에 관한 특화된 사유 속에서
작동한다. 한편으로 사회학 — 이 학문은 오직 분리의 개념적 ·
물질적 도구에 의지한 채 분리를 연구한다 — 은 스펙타클에 대
한 **스펙타클적 비판**을 수행한다. 다른 한편으로 스펙타클을 위한
변명은 구조주의가 근간을 이루고 있는 다양한 학문들 속에서
비사유의 사유, 역사적 실천에 대한 **공식적 망각**이 된다. 그렇지
만 비변증법적인 비판에 의한 가장된 절망과 체제의 순수 광고
에 의한 가장된 낙관주의는 공히 굴복하는 사유라는 점에서 동
일하다.

197

사회학은 미국에서 먼저 오늘날의 발전이 야기하는 삶의 조건들에 대한 토의를 시작하고 있다. 사회학은 많은 경험적 자료들을 수치화하지만 자신이 다루는 대상의 본질을 결코 인식하지 못하고 있다. 이 학문에는 대상에 내재하는 비판이 결여돼 있다. 그 결과로 사회학의 진심 어린 개혁주의적 성향은 적합한 대책을 전혀 제시하지 않고 도덕, 양식, 호소 등에만 의존한다. 이러한 비판 방식은 세계의 중심에 있는 음화(陰畵)를 인식하지 못하고, 비정상적인 기생생물의 확산처럼 개탄스럽게 세상의 표면을 가득 채우고 있는 듯한 일종의 음화적인 과잉에 대한 묘사만을 강조하게 한다. 그래서 이러한 분개하는 선의는 그 자체로 체제의 외적 결과만을 성토하는 것으로 그칠 뿐이다. 그럼에도 불구하고 이러한 선의는 자신의 전제와 방법론의 본질적인 **변명**의 성격을 망각한 채 자신을 비판이라고 믿는다.

198

경제적으로 풍요한 사회에서 낭비를 독려하는 것에 내재된 부조리나 위험을 비난하는 사람은 낭비가 무엇에 이용되는지 인식하지 못하고 있다.[11] 이들은 배은망덕하게도 경제적 합리성이라는 이름으로 선량한 비합리적인 수호자들을 규탄한다. 하지만 비합리적인 수호자들이 없다면 경제적 합리성의 힘은 붕괴되고 말 것이다. 예를 들면, 부어스틴[12]은 『이미지와 환상』에서 미국에서의 스펙타클에 의한 상품 소비에 대해 진술하고 있지만 스펙타클의 개념에 대해 전혀 간파하고 있지 못하다. 그는 이러한 끔찍한 과장[스펙타클]으로부터 사생활 또는 "정직한 상품"이라는 개념을 제외시킬 수 있다고 생각한다. 그는 상품 자체가 법칙을 만든다는 사실을 인식하지 못하고 있다. 이 법칙의 "정직한" 적용이 사생활로 구분되는 현실을 야기하지만 동시에 이미지들의 사회적 소비에 의해 차후에 이 사생활의 재정복도 야기하는 것이다.

199

부어스틴은 우리에게 낯선 것이 된 한 세계의 과도함을 마치 우리 세계에 낯선 과도함처럼 진술하고 있다. 그는 이미지들의 피상적인 지배를 심리적 · 도덕적 판단과 관련하여 "우리의 과도한 자만심"의 산물로 규정한다. 그는 은연중에 사회생활의

---

11. 조루주 바타이유의 『저주의 몫』에서 제시된 소비(dépense) 개념 암시. 테제 128의 주를 참고할 것.
12. 부어스틴(Daniel Boorstin, 1914~2004)은 미국의 역사학자이자 저술가이다. 그는 1975년에서 1987년까지 미국 의회도서관의 관장을 역임했다.

"정상적" 토대를 이러한 규정의 준거로 삼는다. 그러나 이러한 정상적 토대의 현실은 그의 책 속에서나 그의 시대 속에서 찾아볼 수 없다. 부어스틴이 언급하고 있는 인간의 진정한 삶은 과거에, 종교에 귀의했던 과거에 존재했던 삶이다. 그렇기 때문에 그는 이미지 사회의 모든 심층을 인식할 수 없는 것이다. 이미지 사회의 본질은 자신을 부정하는 것이다.

200

사회학은 사회생활의 총체로부터 독자적으로 기능하는 산업적 합리성을 분리할 수 있다고 믿으면서 전반적인 산업 활동으로부터 재생과 전송 기법을 분리하기까지 한다. 부어스틴은 자신이 진술하는 결과들이 거의 우연과 다름없는 불행한 결합, 즉 이미지를 확산시키는 아주 거대한 기술 장치와 센세이션을 불러일으키는 가장된 사건에 대한 이 시대 인간들의 지대한 관심의 결합에서 기인한다고 생각한다. 그에 의하면, 스펙타클은 현대인들이 그것을 너무나 선호하는 관객이라는 사실 때문에 생겨난다. 부어스틴은 자신이 비판하고 있는 미리 꾸민 "가장된 사건들"의 확산이 오늘날 사회생활의 균일한 현실 속에서 사람들이 자신들만의 사건을 직접 경험하는 게 불가능하다는 단순한 사실에서 기인함을 인식하지 못한다. 바로 역사가 유령처럼 현대사회를 사로잡고 있기 때문에, 사람들은 현재의 **동결된** 시

간에 의해 위협받고 있는 균형을 보존하기 위해 삶의 소비의 모
든 층위에서 구축된 가장된 역사들을 찾고 있는 것이다.

201

구조주의는 짧은 시기의 동결된 역사적 시간의 결정적인 안
정성을 주장한다. 진중하게 혹은 경솔하게 표명되고 있는 이러
한 주장은 **구조주의적** 체계화를 향한 현재 경향의 부인할 수 없
는 토대이다. 구조주의가 취하는 반(反)역사적인 관점은 과거에
도 결코 존재한 적이 없었고 앞으로도 종말을 고하지 않을 한
체제의 영원한 현전의 관점이다. 모든 사회적 실천에 선행하는
무의식적 구조에 의한 독재의 꿈은 언어학과 민속학 (그리고 심
지어 자본주의의 작동에 대한 분석) 등이 구상한 구조의 모형들에서
그릇되게 추출된 것이다. 그런데 이 모형들도 이러한 맥락 속에
서 이미 **그릇되게 이해된 것이다.** 왜냐하면 쉽게 만족하는 **중간
관리직의** 역할을 수행하는 대학들의 이론 ─ 기존 체계에 대해
찬사를 늘어놓는 이론 ─ 은 모든 현실을 체계의 존속으로 귀
착시키기 때문이다.

202

"구조주의적" 범주들을 이해하려면, 모든 역사적 사회과학의 경우처럼, 이 범주들이 존재의 형식들과 마찬가지로 존재의 조건들을 나타내고 있음을 항상 유념해야 한다.[13] 우리가 한 사람의 가치를 그 사람이 자기 자신에 대해 갖고 있는 견해로 평가할 수 없듯이,[14] 우리는 특정한 사회가 자신에게 말하는 언어를 명백한 진실로 간주하면서 그 사회를 평가하고 탄복할 수 없다. "우리는 그런 변혁의 시대를 이 시대가 그것[변혁의 시대]에 대해 가지고 있는 의식에 의해 평가할 수 없다. 오히려 그와는 반대로 우리는 이 의식을 물질적 삶의 모순에 입각하여 설명해야 한다…."[15] 구조는 현 권력의 시녀이다.[16] 구조주의는 국가에 의해 보증된 사상이다. 이 사상은 스펙타클적 "소통"이 만연하는 현 조건을 절대적인 것으로 간주한다. 메시지의 코드를 연구하는 구조주의의 방식은 그 자체로 소통이 위계적인 직렬 신호 형태 아래 존재하는 사회의 산물이자 인식 방법에 불과하다. 그렇

---

13. 마르크스의 『정치경제학 비판』, 「서문」의 전용: "일반적으로 모든 역사적 사회과학의 주제 — 여기에서는 현대 부르주아 사회 — 는 현실과 마찬가지로 두뇌 속에 주어져 있으며 범주들은 존재의 형태들과 양식들을 표현하고 있다는 사실을 잊지 않아야 한다."
14. 마르크스의 『정치경제학 비판』, 「서문」에서 전용: "우리가 한 개인을 그가 자신에 대해 가지고 있는 생각에 입각하여 판단할 수 없는 것처럼, 우리는 어떤 시대를 이 시대가 자신에 대해 가지고 있는 의식에 입각하여 판단할 수 없다."
15. 마르크스의 『정치경제학 비판』의 인용
16. 조너선 스위프트가 언급한 "찬사는 현 권력의 딸이다"라는 문장의 전용.

기 때문에 구조주의가 스펙타클의 사회의 초역사적인 정당성
을 입증할 수 없는 것이다. 이와 반대로 균일한 현실로서 강제
되는 스펙타클의 사회가 구조주의의 매정한 꿈을 증명하는 역
할을 해야 한다.

203

    물론 스펙타클의 비판적 개념이 사회학적-정치학적 수사에
입각하여 모든 것을 추상적으로 설명하고 부인할 목적으로 만
든 내용 없는 어떤 공식에 의해 대중화될 수 있다. 그러나 이는
스펙타클 체계를 수호하는 역할만을 할 것이다. 왜냐하면 기존
의 스펙타클을 초월하여서는 어떠한 이론도 펼칠 수 없음이 명
백하기 때문이다. 단지 스펙타클에 대해 기존의 이론과 차별화
된 이론이 제시될 수 있을 뿐이다. 스펙타클의 사회를 진정으
로 폐기하려면 실천력을 동원하는 인간들이 필연적으로 요청
된다.[17] 따라서 스펙타클의 비판 이론은 사회 속에 있는 실천적
인 부정의 사조와 하나로 통합될 때에만 참된 것이 된다. 이 부
정 — 혁명적 계급투쟁의 재개 — 은 스펙타클의 비판(스펙타클

---

17. 마르크스의 『신성 가족』의 전용: "관념은 결코 세계의 구질서를 초월하여
앞서 나갈 수 없다. 관념은 단지 세계의 구질서에 대한 관념을 초월하여 앞서
나갈 수 있을 뿐이다. (…) 관념을 실현하려면 실천력을 동원하는 인간들이 필
연적으로 요청된다."

의 현실적 조건, 즉 현재 억압의 실질적인 조건에 관한 이론)을 발전시키고, 역으로 부정이 무엇이 될 수 있는지 그 비밀을 밝히면서 자신을 자각하게 된다. 이 이론은 노동계급의 기적을 기대하지 않는다.[18] 프롤레타리아의 요구에 대한 혁신적인 표명과 그것의 실현이 시일을 요하는 과업이기 때문이다. 이론적 투쟁과 실천적 투쟁을 인위적으로 구별하려면 ─ 왜냐하면 여기서 규정된 토대를 바탕으로 한다면 그러한 이론의 구성과 소통은 엄격한 실천 없이는 상상조차 할 수 없기 때문이다 ─ 비판 이론의 불투명하고 험난한 진전이 사회 전체에 영향을 미치는 실천적 운동과 하나가 되어야 함은 확실하다.

204

　비판 이론은 고유의 언어로 소통되어야 한다. 비판 이론은 모순의 언어이며, 내용에서 그런 것처럼 형식에 있어서도 변증법적이어야 한다. 이 모순의 언어는 총체성의 비판이자 역사적 비판이다. 이 언어는 "글쓰기의 영도"[19]가 아닌 그것의 전복이다. 이 언어는 문체의 부정이 아니라 부정의 문체이다.

---

18. 마르크스의 『프랑스의 내전』의 전용: "노동계급은 파리코뮌의 기적을 가다리지 않았다."
19. 롤랑 바르트의 『글쓰기의 영도』 암시.

205

변증법 이론의 분석이 채택하는 고유한 문체는, 지배 언어의 규칙과 이 규칙이 훈육시켜 왔던 안목에 따르면, 하나의 추문이며 혐오감을 불러일으킨다. 왜냐하면 변증법적 이론은 기존 개념들의 긍정적 사용 속에 동시에 이 개념들의 재발견된 가변성, 즉 그것들의 필연적인 파괴에 대한 이해를 포함하고 있기 때문이다.[20]

206

자신에 대한 비판을 포함하는 이 문체는 과거의 모든 비판에 대한 현재의 비판의 우위를 표현해야 한다. 이 문체에 의해 변증법 이론의 진술 방법은 자신에 내재된 부정의 정신을 증언한다. "진리는 도구의 흔적을 전혀 찾을 수 없는 생산물과 같은 것이 아니다"(헤겔). 운동에 대한 이러한 이론적 의식 — 이 의식 속에는 운동의 흔적이 반드시 존재한다 — 은 개념들 사이에

---

20. 마르크스의 『자본』 제2판 「후기」의 전용: "변증법은 그 합리적 형태 아래 지배계급과 그 이론적 대변자들에게 분노와 공포를 줄 것이다. 왜냐하면 변증법은 현존하는 사태의 긍정적 이해 속에 동시에 그것의 숙명적인 부정, 즉 그것의 필연적인 파괴의 이해를 포함하고 있기 때문이다."

수립된 관계들의 **전도**에 의해, 그리고 이전의 비판에서 획득한 것들의 **전용**(轉用)에 의해 표면화된다. 속격의 전도[21]는 사유의 형태 속에 기입된 역사적 혁명의 표현 — 이러한 표현은 헤겔의 경구적인 문체로 간주된다 — 이다. 청년 마르크스는 포이어바흐가 행했던 체계적인 활용에 따라 주어를 술어로 대체할 것을 권장하면서 이 **반란적인 문체**를 가장 모순 없이 활용하는 데 이르며, 마침내 빈곤의 철학에서 철학의 빈곤을 이끌어 낸다. 전용은 존중할 만한 진리로 응결된, 즉 거짓으로 가공된 과거의 비판적인 결론을 전복시킨다. 키르케고르는 전용을 비난하면서도 그것을 이미 의도적으로 활용했다: "과일 잼이 우여곡절 끝에 언제나 찬장 속에 다시 놓이는 것처럼 당신은 결국 다른 데에서 차용한 낱말을 교묘하게 첨가합니다. 이 낱말이 추억을 불러일으키면서 혼란에 빠지게 합니다"(『철학적 단편』). 이것이 전용의 활용을 유발시키는 공식적인 진리로 왜곡된 것에 대한 거리두기의 의무이다. 키르케고르는 같은 책에서 다음과 같이 고백한다: "당신은 수많은 암시를 통해 내가 내 말들과 차용한 말들을 뒤섞고 있다고 불만을 토로합니다. 그것에 대해 한 가지만 더 지적하겠습니다. 나는 여기에서 그것을 부정하지 않

---

21. 속격(Genitive Case)은 명사와 명사의 사이의 관계를 나타내는 문법 범주이다. 다시 말해, 명사와 명사 사이에 나타나 두 명사를 더 큰 명사구로 묶어주는 조사 '의'를 속격, 또는 소유격을 나타내는 기능을 한다고 하여 속격 조사라고 부른다. 속격의 전도란 마르크스가 프루동의 『빈곤의 철학』을 비판하면서 『철학의 빈곤』을 집필한 것처럼, 두 명사의 위치를 뒤바꾸면서 이 두 명사에 내포되어 있는 관계를 전도시키는 것을 일컫는다. 물론 이는 드보르가 실천하고 있는 전용의 한 방법이다.

겠으며, 그것이 의도적이었음을 숨기고 싶지 않습니다. 그리고 내가 만일 이 소책자의 후속편을 쓰게 된다면, 나는 대상을 그 진짜 이름으로 명명하면서 이 문제에 역사적 지위를 부여하고 자 합니다."

207

관념은 진화한다. 낱말의 의미는 이 진화에 기여한다. 표절은 필연적이다. 진보는 표절을 내포한다. 진보는 한 저자의 문장을 면밀하게 파악하고 그의 표현들을 활용하면서, 허위 관념을 삭제하고, 그것을 적확한 관념으로 대체한다.[22]

208

전용은 인용의 반대, 즉 인용이 되었다는 단순한 사실 때문에 언제나 왜곡되는 이론적 권위와 상반된다. 인용은 자신이 위치 했던 맥락과 운동으로부터, 그리고 궁극적으로는 총괄적인 지시 대상으로서 시대를 정확하게 인식하였든지 또는 그렇지 않

---

22. 이 테제는 로트레아몽(Lautréamont) 『시집(*Poésies*)』의 인용문이다.

았든지 간에 자신이 이 지시 대상의 내부에서 표현했던 분명한 선택으로부터 떨어져 나온 구절이다. 전용은 반이데올로기의 가변적 언어이다. 전용은 소통 속에서 나타난다. 소통은 그 자체로는 어떤 것도 결정적으로 보장할 수 없다. 가장 높은 수준에 이른 전용은 이전의 어떠한 지시 대상이나 또는 어떠한 초비판적인 지시 대상도 입증할 수 없는 언어이다. 이와 반대로 이 언어 내부의 정합성이 실현성 있는 사실들과 함께 이 언어가 복원시키는 진리의 옛 핵심을 입증한다. 전용은 현재의 비판으로서 자신의 진리를 제외한 그 어떤 것에도 자신의 원리를 기초하지 않는다.[23]

209

이론적 공식화 속에 노골적으로 **전용된 것**으로 제시되는 것은 발현된 이론 영역의 모든 지속적인 독립성을 부인하며, 이 **폭력을 통해** 모든 기존 질서를 교란하고 무력화하는 행동을 개입시킨다. 이것이 환기시키는 것은, 이론의 존재는 그 자체로 아무런 의미가 없으며, 오직 역사적 행동과 **역사적 수정** ― 이론의 진정한 충실성 ― 을 통해 자신을 인식해야 한다는 것이다.

---

23. 슈트리너의 『유일자와 그의 소유』의 전용: "나는 무(無)에 나의 원리를 기초했다."

210

    문화의 진정한 부정만이 오로지 문화의 의미를 보존할 수 있다. 문화는 더 이상 **문화적이지** 않다. 문화는 이처럼 완전히 다른 의미를 지닌 채 문화의 영역 속에 머물고 있다.

211

    문화 비판은 모순의 언어를 통해 한편으로는 문화 전체 — 문화에 대한 지식과 문화의 시혼(詩魂) — 를 지배하고, 다른 한편으로는 사회적 총체성의 비판과 불가분하다는 점에서 **통일적인 비판**으로 제시된다. 이러한 **통일된 이론적 비판**만이 오로지 **통일된 사회적 실천**과 조우한다.

IX. 물질화된 이데올로기

"자기의식은 그 자체로 즉자적이고 타자에게 대자적이라는 점에서, 즉자적이고 대자적이다. 자기의식은 오직 인정된 것으로만 존재할 뿐이다."

— 헤겔, 『정신현상학』

212

이데올로기는 역사의 분쟁적인 흐름 속에 있는 계급사회의 사유의 **토대**이다. 이데올로기적 사실들은 결코 단순한 망상이 아니라 현실에 대한 왜곡된 의식이다. 이 사실들은 실질적으로 왜곡된 행동을 낳게 하는 현실적 요소이다. 스펙타클 형태로 자립화된 경제적 생산의 실질적인 성공이 이끄는 이데올로기의 **물질화**가 사회적 현실과 이데올로기 ― 이것은 자신의 모형에 따라 일체의 현실을 재단한다 ― 를 사실상 한데 뒤섞는다는 점에서 더더욱 그렇다.

213

이데올로기 ― 보편적인 것의 **추상적** 의지와 환상 ― 가 보편적인 추상화와 현대사회 속에서의 환상의 효과적인 독재에 의해 정당화될 때, 이데올로기는 더 이상 부분적인 것의 주의주의적(主意主義的) 투쟁이 아니라 부분적인 것의 승리를 의미하게 된다. 이데올로기적 요구는 여기에서 일종의 밋밋한 실증주의적 정당성을 획득한다. 그것은 더 이상 역사적인 선택이 아니라 하나의 명백한 사실이 된다. 그러한 단정 속에서 이데올로기들의 특정한 이름들이 자취를 감춘다. 체계에 봉사하는, 본질적으로 이데올로기적인 노동의 공헌조차도 오직 모든 이데올로기적 현상을 초월하고자 하는 "인식론적 토대"의 인정으로 간주된다. 물질화된 이데올로기는 그 자체로 언표할 수 있는 역사적 프로그램도 갖고 있지 않기 때문에 어떤 이름도 갖고 있지 않다. 다시 말해 이데올로기들의 역사는 종말을 고한다.

214

이데올로기는 그 내적 논리에 따라 만하임[1]적 의미에서 "총체적 이데올로기," 이를테면 경직된 전체의 거짓된 지식으로서 강제되는 일부분의 독재, 즉 전체주의적 시각으로 향한다. 이 이데올로기는 이제 역사가 부재하는 부동의 스펙타클 속에서 완성된다. 이 완성이란 사회 전체 속에서 이데올로기가 와해됨을 의미한다. 이데올로기 ─ 역사적 삶을 가로막는 최후의 비이성 ─ 는 사회의 현실적인 와해와 함께 사라질 수밖에 없다.

---

1. 카를 만하임(Karl Mannheim, 1893-1947)은 독일의 사회학자이며 트뢸치(Troeltsch)의 역사주의에 입각하여 지식의 존재 구속성을 주장하고 지식사회학을 수립하였다. 그의 저서로는 『지식사회학의 문제』(1925), 『이데올로기와 유토피아』(1929) 등이 있다.

215

스펙타클은 대표적인 이데올로기이다. 왜냐하면 스펙타클은 모든 이데올로기적 체계의 본질 — 빈곤화, 예속화와 진정한 삶의 부정 — 을 하나도 남김없이 진열하고 표명하기 때문이다. 스펙타클은 물질적으로 "인간과 인간 사이의 분리와 간격을 표현"하고 있다. 스펙타클에 집결된 "새로운 기만의 힘"은 생산 속에 자신의 토대를 가지고 있다. 이러한 생산에 의해 "인간을 예속시키는 낯선 존재들로 구성된 새로운 영역이 다수의 물품들(대상들)과 함께 (⋯) 성장한다." 이것이 삶에 반대하여 욕구의 방향을 바꾸는 성장의 최고 단계이다. "그러므로 화폐에 대한 욕구는 정치경제학이 생산하는 진정한 욕구이자 유일한 욕구이다"(『경제학-철학 초고』). 스펙타클은 헤겔이 『예나 시대의 실재철학』에서 화폐의 원칙으로 파악했던 원칙을 모든 사회생활에 확장시킨다: 그것은 "그 자체 속에서 살아가는 죽은 것의 삶이다."

216

스펙타클은 『포이어바흐에 관한 테제』에 요약된 기획(관념론과 유물론의 대립을 지양하는 실천을 통한 철학의 현실화)과는 반대

로, 자신의 가장된 세계의 구체성 속에 유물론과 관념론의 이데
올로기적 특징을 보존하고 동시에 그것을 강제한다. 활동이 아
니라 표상으로 세계를 이해하는 — 그리고 궁극적으로 물질을
관념화하는 — 낡은 유물론의 관조적인 성향이 구체적인 사물
들이 필연적으로 사회생활을 지배하는 스펙타클 속에서 완성
된다. 또한 관념론이 **꿈꿨던 활동**은 기호들과 신호들의 기술적
인 매개를 통해 궁극적으로 추상적 관념을 물질화하는 스펙타
클 속에서 완성된다.

217

가벨[2](『허위의식』)이 지적하는 이데올로기와 정신분열증의 상
관관계는 이데올로기의 물질화라는 경제적 과정 속에 위치시켜
야 한다. 사회는 이데올로기가 이미 지니고 있었던 모습으로 변
화한다. 실천의 제거와 그것을 동반하는 반변증법적 허위의식
이 스펙타클에 예속된 일상생활에 끊임없이 강제된다. 스펙타
클은 "만남의 능력 장애"를 위한 체계적인 조직이자 **환각적인
사회적 사건에 의한 만남의 대체** — 만남의 허위의식, "만남의
환상" — 로 이해되어야 한다. 어느 누구도 더 이상 타자에 의

---

2. 가벨(Joseph Gabel, 1912-2004)은 헝가리 태생의 프랑스 사회학자이자 철
학자이다. 참여 지식인의 전범인 그는 스탈린주의와 알튀세르의 사상을 배격
하면서 마르크스주의에 충실했다.

해 **식별될 수 없는** 사회에서는 모든 개인이 더 이상 자신의 현실을 인식할 수 없게 된다. 분리가 자신의 세계를 구축하고,[3] 이데올로기는 이 편안한 안식처에서 서식한다.

218

가벨은 "정신분열증의 임상 차트를 검토하면 총체성의 변증법 — 극단적 형태로서 해리장애 — 의 파손과 생성의 변증법 — 극단적 형태로서 긴장병[카타토니아] — 의 파손이 서로 밀접하게 관계를 맺고 있는 듯하다"라고 말한다. 스펙타클의 스크린 — 삶은 이 스크린 뒤편으로 추방된다 — 으로 제한된 편평한 세계에 갇힌 관객의 의식은 **가공의 대화자들**만을 식별할 뿐이다. 이 가공의 대화자들은 자신들의 상품과 상품의 정치로 일방적으로 관객의 의식을 유지시킨다. 스펙타클의 모든 영역은 관객의 "거울 징후"[4]이다. 여기에서 일반화된 자폐증의 가장된 외출이 연출된다.

---

3. 『구약 성경』 「잠언」 9장 1-6절의 전용: "지혜가 (…) 성중(城中) 높은 곳에 자신의 집을 구축한다."
4. 1920년 말에 프랑스 의학계가 도입한 거울 징후는 환자가 거울 앞에서 자신의 얼굴을 알아보는 데 결함을 보이는 일종의 정신분열증이다.

219

스펙타클은 자아와 세계 사이의 경계를 소멸시킨다. 자아는 세계의 현전-부재로 에워싸여 진압된다. 또한 스펙타클은 진실과 거짓의 경계를 소멸시킨다. 가상의 조직이 믿게 하는 허위의 **실질적인 현전** 아래 경험된 모든 진리가 억압되기 때문이다. 결과적으로 자신과 소원해진 운명을 수동적으로 매일 감내해야 하는 사람은 마법적인 기술에 도움을 청하면서 이 운명에 눈속임으로 반응하는 광기를 향해 내몰린다. 상품의 수용과 소비가 반박할 수 없는 소통에 대한 가장된 반박의 중심에 있다. 소비자가 느끼는 모방의 욕구는 바로 자신을 철저하게 박탈하는 모든 측면에 의해 조건 지어진 유아적인 욕구이다. 가벨이 전혀 별개의 병리학적 차원에 적용한 표현에 따르면, "표상에 대한 비정상적 욕구는 바로 이 점에서 삶의 주변부에 있다는 고통스런 감정을 보상해 준다."

220

허위의식의 논리가 자신을 사실대로 인식할 수 없다면, 스펙타클에 관한 비판적 진리 탐구는 참된 비판이어야 한다. 이 비판은 화해할 수 없는 스펙타클의 적들 속에서 실제로 투쟁해야

하며, 이들이 부재하는 곳에서는 자신도 부재한다는 것을 인정
해야 한다. 즉각적인 효율성을 위한 추상적인 의지는 지배적인
사유의 법칙 — 당대 관심사에 대한 배타적인 관점 — 을 수용
한다. 개량주의나 가장된 혁명의 잔해를 위한 공동 투쟁이라는
타협을 향해 달려들 때마다 비판이 수용하는 것은 바로 이러한
지배적인 사유의 법칙이다. 그렇게 함으로써 광기에 맞서 싸우
고자 하는 입장 속에 그것[광기]이 재현되는 것이다. 이와 반대
로 스펙타클을 초월하려는 비판은 [때를] 기다릴 줄 알아야 한다.

221

우리 시대의 자기해방이란 전도된 진리의 물질적인 토대로부
터 해방되는 것이다.[5] 고립된 개인이나 또는 조종되는 원자화된
군중은 "세계 속에 진리를 수립하는 역사적 사명"을 완수할 수
없다. 이를 완수하는 것은 언제나 노동계급이다. 노동계급은 실
현된 민주주의의 탈소외적 조직 형태, 즉 평의회로 모든 권력을
귀착시키면서 모든 계급을 와해시킬 수 있다. 평의회는 실천 이
론을 통제하며 그것을 행동으로 옮긴다. 오직 여기에서 개인들
은 "보편적 역사와 직접적으로 결합"하며, 대화가 그 조건을 극
복하기 위해 무장된다.

---

5. 마르크스의 『헤겔 법철학 비판』의 전용: "진리의 내세가 사라진 이후 이승
의 진리를 확립하는 것이 바로 역사의 임무이다."

옮긴이의 글

진정한(총체적) 삶은 존재하는가? 이는 돌발적인 질문도 순박한 문학적 질문도 아니다. 이는 실천을 우선시하는 사회 속의 인간들을 추동하는 질문이다. 이들 중의 한 사람이 바로 기 드보르(1931-1994)이다. 그는 일반 대중보다 공권력이 더 관심을 가졌던 위험한 지식인이었다.

시인, 영화 제작자, 아방가르드 예술가, 선동가, 아나키스트, 마르크스주의 혁명가, 상황주의자 등, 그를 지칭하는 수많은 수식어들이 있다. 그의 여정은 우선 로트레아몽, 크라방(Cravan), 초현실주의 시인들과 특히 루마니아 시인 이시도르 이주(Isidore Isou)와의 만남으로부터 시작한다. 이것을 알려주는 하나의 상징적 장면이 있다. 1952년 그가 처음으로 제작한 영화 〈사드를 위한 절규(Hurlements en faveur de Sade)〉에서 관객이 보고 듣는 것은 검은 화면에 담긴 침묵과 수수께끼 같은 보이스 오버를 동반하는 하얀 화면이다. 삶의 표상이 삶을 대신한 곳에 스펙타클이 있다. 21살의 젊은 청년 드보르는 직관적으로 인간 소외를 낳는 자본주의의 최고 단계로서 스펙타클

의 구조를 인식한다. 마르크스는 이미 1844년의 『경제학-철학
초고』에서 자본주의적 생산양식이 인간에게 강제하는 세 가지
소외 형태, 즉 생산물과 활동 그리고 존재로부터의 소외를 지적
했었다. 상품 물신을 염려했던 19세기의 선각자가 이미지로 변
신한 이 물신을 삶의 전 영역과 교환하고자 하는 현대인을 본
다면 어떤 생각을 하게 될까?

　이렇듯 드보르는 예술과 삶의 융합을 통한 진정한 현실을 희
망하면서 실천의 세계에 뛰어든다. 상상력을 통해 삶의 지평
을 확대하는 것이 가능한 것인가? 1952년 그는 이시도르 이주
가 주재하는 문자주의(lettrisme) 운동에 동참한다. 문자주의 운
동은 의미 파괴적인 다다이즘과 정치와 시의 결합을 통해 사회
변혁을 꿈꾸었던 앙드레 브르통의 초현실주의 운동을 승계하
면서 기존 예술의 자기 파괴 또는 지양을 통해 총체적인 예술·
문화 운동을 전개하고자 한다. 예를 들면, 보들레르의 시를 축
소하고 또 축소하면 마침내 최소 단위의 문자 A, B, C…만이 남
게 된다. 그러면 이 문자는 콜라주(collage) 작품에서처럼 그래
픽(회화적)한 요소로 변형되거나, 또는 의성어로 구성된 낭독에
서처럼 청각적 요소를 지니게 된다. 한 문자 안에 시와 음악과
회화가 결합된 새로운 예술이 탄생하게 되는 것이다. 이처럼 문
자주의 운동은 경제 원리나 부르주아 계급에 봉사하는 예술이
아닌 사람들의 보편화된 창조성에 기초하여 세계를 재구성하
고자 했다. 사람들의 보편화된 창조성이란 모든 사람들에 의한
일상적 차원에서의 예술적 실천을 의미한다. 조금 다른 맥락이
긴 하지만, 훗날 요셉 보이스는 '모든 사람은 예술가이다'라고

천명할 것이다. 현대 예술을 대표한다고 하는 제프 쿤스나 데미언 허스트의 작품들이 수십 혹은 수백억대를 호가할 정도로 예술 시장이 예술을 철저하게 점령한 현시점에 비추어 보면, 예술의 지양을 목표로 했던 이 운동은 급진적인 비판이기는커녕 오히려 온건한 주장으로 여겨질 정도다.

드보르에게 행인지 불행인지 알 수 없지만 그는 서로 다른 프리즘에 의해 투영되는 세상을 맞닥뜨린다. 그는 이른 나이에 2차 세계대전으로 인해 지리멸렬해진 대중운동, 인간을 예속화시키는 테크놀로지의 부상, 기득권층의 가신이 되는 치안 체제, 동·서 유럽 간의 스펙타클적 충돌, 강제 수용소, 히로시마와 나가사키의 참사, 부르주아 계급과 공조하는 변절된 프랑스 코뮌주의 등을 목도한다. 하지만 다른 한편으로 그가 이론과 실천의 기수로서 활동하는 1950-60년대는 사회의 변혁을 문자 그대로 믿었던 거대 서사의 시대이기도 하다. 실제로 마오쩌둥의 중국에서 이뤄낸 혁명, 카스트로와 게바라 등에 의한 라틴아메리카에서의 혁혁한 전과는 새로운 세계와 새로운 삶을 꿈꾸는 많은 유럽인들의 정신을 고양시키기에 충분한 것이었다. 사회 정의 및 변혁을 실천하고자 하는 좌익적 사유는 시장경제를 토대로 한 서유럽, 이를테면 스칸디나비아 국가들, 프랑스, 이탈리아 등의 정치 현장에서 주된 역할을 담당한다.

또 하나 간과될 수 없는 사실이 있다. 그것은 이 시기가 68년 5월 혁명으로 구현되는 풍속(風俗), 즉 오랫동안 지속해 온 인간 행동 양식의 대변혁이 일어나는 시기라는 점이다. 자기 자신과 타자에 대한 인간 행동에 있어 시대에 뒤진 옛 잔재들이 붕괴되기 시작하며, 인류사에서 처음으로 개인들이 대량적으로 사회의 전면에 부상한다. 인간의 조건, 이를테면 인간이 만들어지는 물질적·지적(知的)·성적(性的)·정치적·의학적 환경이 확연히 바뀌고 사랑, 욕망, 고독, 자유 등과 같은 새로운 가치들이 세상을 엄습한다. 사실 누구도 이것을 예견하지 못했다. 1960년대의 서구의 자본주의는 생산력의 증가에 있어, 그리고 그 결과물의 분배를 구현하는 중산층의 증가에 있어 무능하지 않았다. 그래서 서구의 시장 권력은 단순하게 마르크스의 이론을 필연적으로 도래할 노동자의 빈곤화에 대한 경제 학설로 축소하고서는 의기양양하게 자본주의가 가져온 풍요를 도처에서 찬양한다. 확실히 점증하는 비참함을 감내해야 하는 노동자들이 주체가 된 혁명은 일어나지 않았다. 드보르의 사회 비판은 언뜻 단순하고 일반적으로 보이지만, 그러나 잘 제기되지 않았던 문제에 초점을 맞춘다. 사회는 자신이 소유하고 있는 엄청난 재정 수단을 어떤 용도로 사용하는가? 개인이 실제로 영위하는 삶은 그만큼 더 풍요로워졌는가? 명백하게 그렇지 않다. 사회 전체의 힘은 무한하게 증가한 반면에 개인이 자기 세계의 주체가 되는 것은 요원하게 보인다. 드보르는 이것을 경제 발전을 위해 수용해야 하는 불가항력적인 요소로 간주하지 않을 뿐더러 그것에 대한 해결책이 과거로의 회귀라고도 생각하지 않는다.

경제는 자신의 법칙에 인간의 삶을 예속시킨다. 인간의 자각적인 통제 없이는 경제 영역 내부의 어떠한 변화도 세계의 변혁에 충분하지 않을 것이다. 드보르가 이제 주목하는 것은 노동의 영역뿐만 아니라 거짓 가치들로 잠식되고 있는 일상의 영역이다. 계급투쟁적 관점에 일상성이라는 새로운 요소가 첨가되는 셈이다. 이것은 정통 마르크스주의와 멀어지는 계기가 되지만, 동시에 그것에 현대성을 도입한다고도 볼 수 있다. 그래서 헤겔, 마르크스, 루카치, 코르쉬 등과 함께 일상생활의 혁명을 내세우는 앙리 르페브르(Henri Lefebvre), 조셉 가벨(Joseph Gabel), 코르넬리우스 카스토리아디스(Cornelius Castoriadis)와 클로드 르포르(Claude Lefort)가 이끄는 조직 "사회주의냐 야만이냐" 등이 그의 이론과 실천 작업의 원천이 되는 것은 당연한 결과인지도 모른다.

　드보르는 아스거 욘(Asger Jon), 라울 바네겜(Raul Vaneigem), 아틸라 코타니(Attila Kotanyi) 등과 함께 1958년에서 1969년까지 『상황주의자 인터내셔널(*Internationale Situationniste*, IS)』을 발간하면서(총 12호) 이론과 실천의 장에 뛰어든다. 상황주의자로 변신한 그는 시장 체제가 고안해 낸 표상의 방식, 거짓 가치들에 의해 인간의 행동과 삶의 수단이 박탈당한 채 철저하게 수동적 관객으로 전락한 인간들을 주목한다. 그는 이들에게 자각과 저항을 위한 각종 이론과 전술을 제공하면서 "상황의 구축"을 통한 삶의 복원을 외친다. 상황주의자들은 국가 없는 코뮌주의 사회, 이를테면 평의회를 통한 직접 민주주의를 희망하고 화폐, 상품, 임금노동, 계급, 사적 소유 등을 거부하며, 박탈당한 인간 활동의 영역, 삶의 총체의 복원을 위한 노력에 집중한다. 이들이 문화를 "주어진 역사적 매순간에 일상생활을 구성하는 가능성"으로 규정하는 것은 의미하는 바가 크다. 문화는 "미학과 감정과 풍속이 결합된 집합체"이며, 공동체는 "이 집합체를 통해 시장 원리가 실질적으로 강제하는 삶에 저항한다"(IS 1호).
혁명은 어쩌면 이처럼 저항을 통한 일상의 재창조로부터 시작
되는지 모른다. 모든 개인들은 습관적인 사고방식과 행동 양식
을 떨쳐버리고 자각적인 통제와 잠재력의 발현을 통해 상황을
구축해야 한다. 구축된 상황이란 "단일한 환경과 사건들의 유
희에 기초한 공동 조직이 구체적이고 의도적으로 구축하는 삶
의 계기"(IS 1호)이다.

  상황주의자들은 수많은 실천 과제들과 마주한다. 무엇보다
먼저 시장 체제와 그 권력 작동 양식에 어떻게 대항할 것인가,
삶의 전유를 위해 예술이라 불리는 표현 양식을 무엇으로 대체
할 것인가, 예술과 삶의 일치를 위해 무엇을 모색해야 하는가,
어떤 감정과 행동을 도입하여 지하철-노동-수면이라는 도식을
극복하는 생활양식을 만들 것인가, 때로는 스캔들이나 선동이
필요한 것인가, 만일 현대인들이 시적 정취가 사라진 도시라는
공간에서 살 수밖에 없는 운명에 놓였다면 도시환경은 어떤 방
식으로 재구성되어야 하는가, 그리고 어떤 조직을 통해 이 모든
것을 공동적으로 대처할 것인가 등등···.『상황주의자 인터내셔
널』에서 발표된 몇몇 주제들, 이를테면 "상황 구축을 위한 예비
문제들"(IS 1호), "문화혁명에 대한 테제들"(IS 1호), "표류 이론"
(IS 2호), "문화혁명을 위한 플랫폼"(IS 2호), "교통수단에 대한
상황주의자들의 입장"(IS 3호), "순간과 상황 구축 이론"(IS 4호),
"정치 프로그램 초안"(IS 4호), "경제의 종언과 예술의 실현"(IS 4
호), "상황주의자 선언문"(IS 4호), "단일한 도시 생활 프로그램"
(IS 6호), "일상생활의 의식 변화에 대한 전망"(IS 6호), "자본주

의 사회의 기초적 진실"(IS 7호), "사회 실험적 예술에 대해"(IS 9호), "물화(物化)의 기본 구조"(IS 10호), "상황주의자 사전의 서문"(IS 10호), "정치와 예술에 대항하는 새로운 행동 양식"(IS 11호), "실천적 진실을 위하여"(IS 11호), "완성된 분리"(『스펙타클의 사회』 제1장, IS 11호), "평의회에 대한 전제들"(IS 12호), "일반화된 자기 관리"(IS 12호), "권력의 시간에 있어 공간의 정복"(IS 12호) 등은 드보르의 관심사가 무엇인지 잘 드러내 주고 있다. 이 후기에서는 구체적인 설명이 생략되겠지만, 상황주의자들이 내세운 저항 형태들이나 전술들 — 상황의 구축, 축제와 놀이의 도입, 심리 지리, 전용, 일상의 변형, 표류, 일상적 참여와 실현을 위한 기존 공간의 점유 등 — 은 분리를 뛰어넘는 단일한(총체적) 삶의 전유를 위한 실천적 기획들이다.

***

마르크스의 『자본』이 출간된 지 100년 후에 드보르의 『스펙타클의 사회』가 세상에 나온다. 이것이 의미하는 바는 무엇일까? 그것은 앞서 지적한 생산물과 활동 그리고 존재로부터의 인간 소외의 출구가 요원함을 의미한다. 1차 세계대전 직후, 루카치로 대표되는 몇몇 마르크스주의자들은 소외 개념을 전면에 부각시킨다. 그동안 이 개념은 계급투쟁이라는 우선순위에 떠밀려 자본주의 발전 과정의 부대 현상으로 취급되어 왔었다. 물론 이 개념을 둘러싼 논쟁은 아주 이론적으로 머물렀지만, 거기에서 도출된 하나의 결론을 드보르가 계승한다. 그것은 독립적이 된 경제 발전은 그 변이 형태가 어떤 것이든 관계없이 총체적 삶의 직이 될 수밖에 없다는 사실이다.

세분화된 9개의 장과 221개의 테제로 구성된『스펙타클의 사회』는 일종의 정치적 시론으로서 모든 테제가 단정적인 방식으로 진술되고 있다. 드보르는 각 테제의 타당성을 입증하지도 않고, 또한 그것을 독자들이 납득하도록 설명하지도 않는다. 이는 세계의 해석이 아니라 세계의 변혁에 주안점을 두어야 한다는『포이어바흐에 관한 테제』의 권고를 따르고 있다고 볼 수 있다. 드보르는 이 책에서 마르크스와 루카치의 논증을 바탕으로 풍요가 엄습하는 20세기의 서유럽에서 탄생하고 있는 상품 물신의 새로운 형태인 "스펙타클"을 개념화하고 그것에 대한 자각을 요청하고 있다. 앞서 밝혔듯이 이 책의 첫 번째 테제 ― "현대적 생산 조건들이 지배하는 사회에서 모든 삶은 스펙타클의 거대한 축적물로 나타난다" ― 는『자본』,「상품」장의 제 1절 첫 문장 ― "자본주의적 생산양식이 지배적인 사회의 부는 상품의 거대한 집적으로 나타난다" ― 을 전용한 것이다. 이 전용이 극명하게 드러내는 것처럼,『스펙타클의 사회』는 무엇보다도 인간의 삶을 지배하는 상품에 대한 급진적 비판이다. 드보르는 소비사회에 고유한 소외 형태, 다시 말해 일상의 삶에 대한 자본주의의 영향력, 상품을 매개로 세계를 거머쥔 지배력을 진술하고 있다. 다양하게 보이지만 서로 엇비슷하고 항상 넘쳐흐르는 상품들의 재생산은 사회의 재생산 방식을 떠받들고 있다. 드보르는 자본주의 사회가 강제하는 ― 2차 세계대전 이래로 심화되고 있는 ― 기만적 삶에 대해 사람들의 자각을 촉구하며 이 자각과 연계된 실천을 강조하고 있다.

스펙타클의 선행조건이자 동시에 그 결과물은 관조라는 수동성이다. 수동성은 분리의 본질적인 조건이다. "원자화된 군중" 속에 "고립된 개인"(테제 221)은 스펙타클을 필요로 하고, 스펙타클은 개인의 고립을 강화시킨다. 이러한 악순환은 후기 산업사회 속에서의 개인화 과정, 즉 자본주의 경제의 장치로서 분리의 실행 과정에 필연적인 요소이다. 조립라인 공정의 도입 이래로 노동자는 자신의 생산물과 분리됐다. 상품에 기초하는 사회는 1950년 이래 소비자라는 지위를 지닌 주체를 생산하고 있다. 이 주체는 사회·문화 산업(각종 매체, 영화, TV 등)에 의해 자신의 진정한 욕망을 찬탈당한 분리된 존재이다. 드보르에 따르면, 스펙타클은 추상화의 최고 단계, 자본주의의 완성된 단계이다. 따라서 스펙타클은 "자신 이외의 그 어떤 것도 추구하지 않는다"(테제 14). 스펙타클은 자신의 목적을 달성하려는 의도에서 모든 사회적 행위들을 포획한다. 도시계획에서 정당에 이르기까지, 일상생활에서 개인의 내밀한 욕망에 이르기까지 모든 현실이 표상으로 대체된다.

다시 부연하지만 스펙타클은 미디어의 수단을 통해 전파되는 선전물로서 세상을 현혹시키는 단순한 부속 수단이 아니다. 스펙타클은 현 사회가 허용하는 삶의 유일한 시각을 정당화하는 경제 이데올로기이다. 그것을 위해 모든 것이 동원된다. 시청각 수단을 활용하는 미디어의 영역, 관료주의적 장치, 정치와 경제의 영역 등, 이 모든 것이 하나의 목소리로 권력과 소외의 재생산을 지속시키는 데 매진한다. 이렇듯 스펙타클은 자본의 지배

력을 선전하는 수단이자 "이미지들에 의해 매개된 사람들 간의
사회적 관계"(테제 4)이다.

***

『스펙타클의 사회』에서 군데군데 발견되는 냉전 시대의 풍경
과 용어들에 대해 독자들이 다소 의아해할 수 있다. 이 책이 약
50년 전에 출간됐다는 사실을 잊어서는 안 된다. 그러나 이 책
에서 지적하고 있는 스펙타클의 본질은 변하지 않고 있다. 오히
려 인간의 행동 역량을 무력화하면서 삶과의 분리를 유지시키
는 조직 양태로서 스펙타클의 위력은 더욱더 공고해지고 있다.
드보르는 한국의 독자들도 곧 접하게 될 『"스펙타클의 사회"에
대한 논평』에서 『스펙타클의 사회』의 출간 후 달라진 세계의
지형을 고려한 '통합된 스펙타클'이라는 개념을 도입한다. 그
는 이 책에서 냉전 시대의 집약된 스펙타클과 분산된 스펙타클
이 이제는 통합된 스펙타클 형태로 변신하여 매체 수단은 물론
이고 정치인, 관료, 치안 체제, 비밀공작, 마피아, 테러리즘, 정교
해진 테크놀로지 등을 아우르면서 기존의 체제를 유지하고 있
음을 지적하고 있다.

마지막으로 옮긴이가 주에서 소개한 『스펙타클의 사회』의 인
용문들과 전용된 문장들의 출처는 1973년 드보르가 직접 작성
한 것보다 훨씬 더 세심하게 기술된 『"스펙타클의 사회"의 인
용문과 전용의 발췌(*Relevé des citations ou détournements de La
Société du spectacle*)』(Farândola, 2000)를 참고했음을 밝힌다.